So starten Sie ein erfolgreiches Online-Geschäft von Grund auf

Franklin Fisher

Copyright © (2024) von Franklin Fisher

Alle Rechte vorbehalten. Kein Teil dieses Buches darf ohne die vorherige schriftliche Genehmigung des Autors reproduziert, in einem Abrufsystem gespeichert oder in irgendeinem Format oder auf irgendeine Weise, sei es elektronisch, mechanisch, durch Fotokopieren, Aufzeichnen oder auf andere Weise, übertragen werden.

Veröffentlicht von Amazon KDP

Amazon.com, Inc.

Postfach Box 81226

Seattle, WA 98108-1226

Vereinigte Staaten.

Gedruckt von Amazon KDP in den USA

Inhaltsverzeichnis

INHALTSVERZEICHNIS 3

KAPITEL 1 8

EINFÜHRUNG 8

   A. BEDEUTUNG DES ONLINE-GESCHÄFTS IN DER HEUTIGEN WIRTSCHAFT 9
   B. ÜBERBLICK DARÜBER, WAS ES BRAUCHT, UM ERFOLGREICH ZU SEIN 11
   C. REALISTISCHE ERWARTUNGEN SETZEN 13

KAPITEL 2 16

DIE ONLINE-GESCHÄFTSLANDSCHAFT VERSTEHEN 16

   A. VERSCHIEDENE ARTEN VON ONLINE-UNTERNEHMEN 17
   B. MARKTFORSCHUNG UND NISCHENIDENTIFIZIERUNG 21
   C. ANALYSE DER WETTBEWERBER 24

KAPITEL 3 28

PLANEN SIE IHR ONLINE-GESCHÄFT 28

   A. DEFINIEREN IHRES ALLEINSTELLUNGSMERKMALS (USP) 28
   B. ERSTELLEN EINES GESCHÄFTSPLANS 31
   C. ZIELE UND MEILENSTEINE SETZEN 35

KAPITEL 4 40

AUFBAU IHRER ONLINE-PRÄSENZ 40

   A. AUSWAHL DES RICHTIGEN DOMAINNAMENS 40

B. ERSTELLEN EINER PROFESSIONELLEN WEBSITE 45
C. ERSTELLEN VON SOCIAL-MEDIA-PROFILEN 51

KAPITEL 5 58

EINRICHTEN IHRER E-COMMERCE-INFRASTRUKTUR 58

A. AUSWAHL DER RICHTIGEN E-COMMERCE-PLATTFORM 58
B. EINRICHTEN VON ZAHLUNGSGATEWAYS 65
C. IMPLEMENTIERUNG SICHERER CHECKOUT-PROZESSE 71

KAPITEL 6 79

MARKETING UND WERBUNG 79

A. ENTWICKLUNG EINER MARKETINGSTRATEGIE 79
B. CONTENT MARKETING UND SEO 84
C. SOCIAL-MEDIA-MARKETING 89
D. E-MAIL-MARKETING 94

KAPITEL 7 102

FINANZEN UND BETRIEB VERWALTEN 102

A. BUDGETIERUNG UND FINANZPLANUNG 103
B. BESTANDSVERWALTUNG 110
C. ERFÜLLUNG UND VERSAND 117

KAPITEL 8 126

SKALIEREN SIE IHR ONLINE-GESCHÄFT . 126

A. IDENTIFIZIERUNG VON WACHSTUMSCHANCEN 126

B. Einstellung und Outsourcing............132
C. Prozesse automatisieren 140

KAPITEL 9 151

UMGANG MIT HERAUSFORDERUNGEN UND RISIKEN 151

A. Umgang mit Wettbewerb......................152
B. Verwaltung des Kundendienstes........156
C. Finanzielle Hürden überwinden..........162

KAPITEL 10 169

ERFOLGSMESSUNG UND KONTINUIERLICHE VERBESSERUNG 169

A. Key Performance Indicators (KPIs) ...170
B. Daten analysieren und fundierte Entscheidungen treffen............................174
C. Anpassung an Marktveränderungen.179

KAPITEL 11 185

ABSCHLUSS..185

A. Zusammenfassung der wichtigsten Punkte..185
B. Ermutigung und abschließende Ratschläge..189

KAPITEL 12.......................................193

ZUSÄTZLICHE RESSOURCEN 193

A. Empfohlene Tools und Software 193
B. Weiterführende Literatur und Referenzen 200
C. Glossar der Begriffe 204

Kapitel 1

Einführung

Im heutigen digitalen Zeitalter hat die Geschäftslandschaft einen erheblichen Wandel erfahren. Das Aufkommen des Internets hat die Art und Weise, wie wir Handel betreiben, revolutioniert und es Unternehmern ermöglicht, Kunden auf der ganzen Welt bequem von zu Hause aus zu erreichen. Der Aufstieg des Online-Geschäfts hat nicht nur traditionelle Branchen verändert, sondern auch völlig neue Wege für Wirtschaftswachstum und Innovation geschaffen. In diesem umfassenden Leitfaden beleuchten wir die Besonderheiten der Gründung eines erfolgreichen Online-Geschäfts von Grund auf. Vom Verständnis der Bedeutung des Online-Handels in der heutigen Wirtschaft bis hin zur Festlegung realistischer Erwartungen und allem dazwischen zielt dieser Leitfaden darauf ab, angehenden Unternehmern das Wissen und die Werkzeuge an die Hand zu geben, die sie benötigen, um auf dem digitalen Markt erfolgreich zu sein.

A. Bedeutung des Online-Geschäfts in der heutigen Wirtschaft

Die Bedeutung des Online-Geschäfts in der heutigen Wirtschaft kann nicht genug betont werden. Mit der weit verbreiteten Verbreitung internetfähiger Geräte und der zunehmenden Verbreitung von E-Commerce-Plattformen erwarten Verbraucher zunehmend den Komfort, eine breite Palette von Produkten und Dienstleistungen online einzukaufen. Von Lebensmitteln über Elektronik, Kleidung bis hin zu Haushaltswaren kann fast alles mit nur wenigen Klicks oder Fingertipps gekauft werden.

Einer der Hauptvorteile des Online-Geschäfts ist die Möglichkeit, ein globales Publikum zu erreichen. Im Gegensatz zu traditionellen stationären Geschäften, die durch ihre geografische Lage begrenzt sind, haben Online-Unternehmen das Potenzial, Kunden aus allen Teilen der Welt anzulocken. Diese Zugänglichkeit erweitert nicht nur den Kundenstamm, sondern eröffnet auch Möglichkeiten für Wachstum und Expansion in neue Märkte.

Darüber hinaus bietet das Online-Geschäft eine beispiellose Flexibilität und Skalierbarkeit. Mit minimalen Gemeinkosten im Vergleich zu physischen Ladengeschäften können Unternehmer mit relativ geringen finanziellen Investitionen ein Online-Geschäft starten und betreiben. Darüber hinaus ermöglicht der digitale Charakter des Online-Handels eine einfache Skalierbarkeit, sodass Unternehmen sich schnell an Nachfrageänderungen anpassen und neue Wachstumschancen nutzen können.

Darüber hinaus hat die COVID-19-Pandemie die Bedeutung der Widerstandsfähigkeit von Online-Unternehmen unterstrichen. Während der Lockdowns und Maßnahmen zur sozialen Distanzierung waren viele stationäre Geschäfte gezwungen, ihre Türen vorübergehend zu schließen, während Online-Geschäfte weiterhin betrieben wurden und in einigen Fällen sogar florierten. Dieser Wandel im Verbraucherverhalten hin zum Online-Shopping hat die digitale Transformation von Branchen weltweit beschleunigt und macht es für Unternehmen wichtiger denn je, eine starke Online-Präsenz aufzubauen.

Zusammenfassend lässt sich sagen, dass das Online-Geschäft eine entscheidende Rolle bei der Förderung des Wirtschaftswachstums, der Förderung von Innovationen und der Erfüllung der sich verändernden Bedürfnisse der Verbraucher in der heutigen vernetzten Welt spielt.

B. Überblick darüber, was es braucht, um erfolgreich zu sein

Auch wenn der Reiz, ein Online-Geschäft zu gründen, verlockend sein mag, erfordert der Erfolg auf dem digitalen Markt mehr als nur eine gute Idee und eine Website. Es erfordert Engagement, Ausdauer und einen strategischen Ansatz für den Aufbau und das Wachstum eines nachhaltigen Unternehmens.

Erfolgreiche Online-Unternehmer verfügen in erster Linie über eine klare Vision und ein tiefes Verständnis für ihren Zielmarkt. Sie identifizieren unerfüllte Bedürfnisse oder Schwachstellen in ihrer Nische und entwickeln innovative Lösungen, um diese anzugehen. Dieser kundenorientierte Ansatz bildet die Grundlage eines erfolgreichen Unternehmens und stellt sicher, dass Produkte oder Dienstleistungen bei der

Zielgruppe ankommen und einen greifbaren Mehrwert bieten.

Darüber hinaus legen erfolgreiche Online-Unternehmen vor allem Wert auf Qualität und Kundenzufriedenheit. Sie investieren in die Entwicklung überzeugender Produkte oder Dienstleistungen, die sich von der Konkurrenz abheben und die Erwartungen der Kunden stets übertreffen. Durch die Bereitstellung außergewöhnlicher Werte und die Förderung positiver Kundenerlebnisse können Unternehmen Loyalität aufbauen und sich einen guten Ruf auf dem Markt aufbauen.

Darüber hinaus legen erfolgreiche Online-Unternehmer Wert auf kontinuierliches Lernen und Anpassung. Sie bleiben über Branchentrends, neue Technologien und sich entwickelnde Verbraucherpräferenzen informiert und können so Veränderungen antizipieren und ihre Strategien entsprechend ausrichten. Ob es um das Experimentieren mit neuen Marketingkanälen, die Optimierung des Website-Designs oder die Verfeinerung von Produktangeboten geht – erfolgreiche Unternehmen sind immer auf der Suche nach Möglichkeiten, innovativ zu sein und der Konkurrenz einen Schritt voraus zu sein.

Schließlich erfordert der Erfolg in der Welt des Online-Geschäfts Belastbarkeit und Entschlossenheit. Der Aufbau eines erfolgreichen Unternehmens braucht Zeit und Rückschläge und Herausforderungen sind auf dem Weg dorthin unvermeidlich. Erfolgreiche Unternehmer betrachten diese Hindernisse jedoch als Chance für Wachstum und Lernen, indem sie angesichts von Widrigkeiten beharrlich bleiben und sich weiterhin auf ihre langfristigen Ziele konzentrieren.

Zusammenfassend lässt sich sagen, dass der Erfolg im Online-Geschäft eine Kombination aus Vision, Kundenorientierung, Qualität, Anpassungsfähigkeit und Belastbarkeit erfordert.

C. Realistische Erwartungen setzen

Auch wenn die potenziellen Vorteile der Gründung eines Online-Geschäfts zweifellos verlockend sind, ist es für angehende Unternehmer wichtig, von Anfang an realistische Erwartungen zu setzen. Der Aufbau eines erfolgreichen Online-Geschäfts erfordert Zeit, Mühe und Geduld, und der Erfolg stellt sich selten über Nacht ein.

Zuallererst müssen angehende Unternehmer erkennen, dass Erfolg im Online-Geschäft harte Arbeit und Engagement erfordert. Während das Internet die Gründung eines Unternehmens einfacher denn je gemacht hat, ist der Wettbewerb auf dem digitalen Markt hart und es erfordert einen erheblichen Zeit- und Arbeitsaufwand, sich von der Konkurrenz abzuheben. Von der Marktforschung und Produktentwicklung bis hin zu Marketing und Kundenakquise erfordert der Aufbau eines erfolgreichen Online-Geschäfts unermüdlichen Fokus und Ausdauer.

Darüber hinaus müssen angehende Unternehmer verstehen, dass Erfolg keine Garantie ist und dass Scheitern ein natürlicher Teil der unternehmerischen Reise ist. Nicht jede Idee wird bei den Verbrauchern Anklang finden und nicht jedes Vorhaben wird die gewünschten Ergebnisse liefern. Allerdings ist ein Scheitern nicht das Ende, sondern vielmehr eine Gelegenheit, zu lernen, zu wachsen und Ideen zu wiederholen. Indem angehende Unternehmer das Scheitern als Sprungbrett zum Erfolg betrachten und eine positive Einstellung bewahren, können sie die Höhen und Tiefen der unternehmerischen Reise mit Belastbarkeit und Entschlossenheit meistern.

Darüber hinaus ist die Festlegung realistischer finanzieller Erwartungen entscheidend für den langfristigen Erfolg. Obwohl Online-Unternehmen das Potenzial für eine erhebliche Rentabilität haben, ist es wichtig zu erkennen, dass die Generierung nachhaltiger Einnahmen Zeit braucht. In der Anfangsphase arbeiten die meisten Unternehmen mit Verlusten, da sie in Produktentwicklung, Marketing und Infrastruktur investieren. Daher sollten angehende Unternehmer darauf vorbereitet sein, die anfänglichen finanziellen Herausforderungen zu meistern und sich darauf konzentrieren, eine solide Grundlage für zukünftiges Wachstum zu schaffen.

Zusammenfassend lässt sich sagen, dass realistische Erwartungen für angehende Unternehmer, die sich auf den Weg zur Gründung eines Online-Geschäfts machen, von entscheidender Bedeutung sind. Durch das Erkennen der Herausforderungen, das Begreifen von Misserfolgen als Lernchance und die Beibehaltung einer langfristigen Perspektive können Unternehmer ihre Erfolgschancen in der wettbewerbsintensiven Welt des Online-Handels erhöhen.

Kapitel 2

Die Online-Geschäftslandschaft verstehen

Im heutigen digitalen Zeitalter bietet die Online-Geschäftslandschaft Unternehmern eine Vielzahl von Möglichkeiten, erfolgreiche Unternehmen zu gründen und auszubauen. Von E-Commerce-Shops und digitalen Marktplätzen bis hin zu inhaltsbasierten Plattformen und Abonnementdiensten – die Vielfalt der Online-Geschäftsmodelle ermöglicht es Unternehmern, ihre Angebote an bestimmte Marktsegmente und Verbraucherpräferenzen anzupassen. In diesem Abschnitt befassen wir uns mit den verschiedenen Arten von Online-Unternehmen, der Bedeutung von Marktforschung und Nischenidentifizierung sowie mit Strategien zur Wettbewerbsanalyse, um einen Wettbewerbsvorteil zu erzielen.

A. Verschiedene Arten von Online-Unternehmen

1. **E-Commerce-Shops:** E-Commerce-Shops sind Online-Plattformen, die physische Produkte direkt an Verbraucher verkaufen. Diese Unternehmen reichen von kleinen, unabhängigen Boutiquen bis hin zu großen Einzelhändlern wie Amazon und Walmart. E-Commerce-Shops können sich auf bestimmte Produktkategorien wie Mode, Elektronik oder Haushaltswaren spezialisieren oder eine breite Produktpalette über mehrere Kategorien hinweg anbieten.
2. **Digitale Produkte und Dienstleistungen:** Digitale Produkte und Dienstleistungen umfassen eine breite Palette von Angeboten, darunter E-Books, Online-Kurse, Softwareanwendungen, digitale Downloads und abonnementbasierte Dienste. Diese Unternehmen nutzen digitale Technologie, um ihren Kunden immaterielle Güter oder Dienstleistungen zu liefern, oft mit minimalen Gemeinkosten und skalierbarem Umsatzpotenzial.

3. **Affiliate-Marketing:** Beim Affiliate-Marketing geht es darum, die Produkte oder Dienstleistungen anderer Unternehmen zu bewerben und eine Provision für jeden Verkauf oder jede Empfehlung zu verdienen, die durch Ihre Werbemaßnahmen generiert wird. Affiliates verdienen in der Regel einen Prozentsatz des Verkaufspreises oder eine feste Provision für jede Empfehlung, was sie zu einer beliebten Wahl für Unternehmer macht, die ihre Online-Präsenz monetarisieren möchten, ohne sich um die Verwaltung des Inventars oder den Kundensupport kümmern zu müssen.
4. **Inhaltsbasierte Plattformen:** Inhaltsbasierte Plattformen wie Blogs, Vlogs, Podcasts und Social-Media-Kanäle generieren Einnahmen durch Werbung, Sponsoring, Affiliate-Marketing und direkte Monetarisierungsmethoden wie kostenpflichtige Abonnements oder Spenden. Diese Unternehmen konzentrieren sich auf die Erstellung wertvoller Inhalte, die das Publikum anziehen und einbeziehen und letztendlich durch verschiedene

Monetarisierungsstrategien den Traffic und den Umsatz steigern.
5. **Software as a Service (SaaS):** SaaS-Unternehmen bieten cloudbasierte Softwarelösungen an, auf die Kunden auf Abonnementbasis zugreifen und diese nutzen können. Diese Unternehmen decken ein breites Spektrum an Branchen und Anwendungsfällen ab und bieten Tools und Dienstleistungen für alles von Projektmanagement und Kundenbeziehungsmanagement bis hin zu E-Mail-Marketing und Buchhaltung.
6. **Freiberufliche Tätigkeit und Beratung:** Freiberufliche und Beratungsunternehmen nutzen spezielle Fähigkeiten und Fachkenntnisse, um ihren Kunden Dienstleistungen auf freiberuflicher oder Vertragsbasis anzubieten. Diese Unternehmen können unter anderem Dienstleistungen wie Grafikdesign, Webentwicklung, digitales Marketing, Schreiben, Beratung und Coaching anbieten.
7. **Dropshipping**: Dropshipping ist eine Einzelhandelsabwicklungsmethode, bei der ein Geschäft Produkte an Kunden verkauft, ohne

Lagerbestände zu halten. Stattdessen kauft das Geschäft Produkte von einem Drittanbieter und versendet sie direkt an den Kunden. Dropshipping-Unternehmen profitieren von niedrigen Startkosten, da sie nicht im Voraus in den Lagerbestand investieren müssen, stehen aber vor Herausforderungen in Bezug auf Produktqualität, Versandzeiten und Kundenzufriedenheit.

8. **Abo-Box-Dienste:** Abo-Box-Dienste liefern den Kunden regelmäßig, in der Regel monatlich oder vierteljährlich, kuratierte Produktsammlungen. Diese Unternehmen sprechen Verbraucher an, die auf der Suche nach Komfort, Neuheiten und personalisierten Empfehlungen sind, und bieten alles von Schönheits- und Wellnessprodukten bis hin zu Gourmetnahrung und Heimtierbedarf.

9. **Online-Marktplätze:** Online-Marktplätze verbinden Käufer und Verkäufer auf einem virtuellen Marktplatz und erleichtern so Transaktionen zwischen Parteien. Marktplätze können sich auf bestimmte Produktkategorien wie handgefertigte Waren, Vintage-

Artikel oder digitale Downloads konzentrieren oder eine breite Palette von Produkten und Dienstleistungen über mehrere Kategorien hinweg anbieten.
10. **Drop-Service:** Drop Servicing ist ein Geschäftsmodell, das dem Dropshipping ähnelt, aber statt physische Produkte zu verkaufen, bieten Unternehmer ihren Kunden Dienstleistungen von Drittanbietern an. Drop-Service-Unternehmen fungieren als Vermittler, indem sie Aufgaben wie Grafikdesign, Schreiben oder digitales Marketing an Freiberufler oder Agenturen auslagern und für ihre Dienste einen Aufschlag verlangen.

B. Marktforschung und Nischenidentifizierung

Vor dem Start eines Online-Geschäfts ist es wichtig, eine gründliche Marktforschung durchzuführen und eine profitable Nische zu identifizieren. Bei der Marktforschung handelt es sich um das Sammeln und Analysieren von Daten über Ihren Zielmarkt, Branchentrends, Kundenpräferenzen und die Wettbewerbslandschaft, um Ihre

Geschäftsstrategie und Ihren Entscheidungsprozess zu informieren.

1. **Identifizieren Sie Markttrends:** Erforschen Sie zunächst Branchentrends, Marktnachfrage und neue Chancen in Ihrer Nische. Suchen Sie nach Wachstums- und Innovationsbereichen sowie nach potenziellen Herausforderungen oder Hindernissen, die sich auf den Erfolg Ihres Unternehmens auswirken können.
2. **Definieren Sie Ihre Zielgruppe:** Bestimmen Sie, wer Ihre idealen Kunden sind und welche Bedürfnisse, Vorlieben und Schwachstellen sie haben. Entwickeln Sie detaillierte Buyer-Personas, um die Demografie, Psychografie und das Kaufverhalten Ihrer Zielgruppe zu verstehen, sodass Sie Ihre Produkte oder Dienstleistungen an deren spezifische Bedürfnisse anpassen können.
3. **Bewerten Sie Marktgröße und Potenzial:** EBewerten Sie die Größe und das Potenzial Ihres Zielmarktes, um die Nachfrage nach Ihren Produkten oder Dienstleistungen abzuschätzen. Suchen Sie nach Marktlücken oder unterversorgten

Segmenten, die Chancen für Differenzierung und Wachstum bieten.
4. **Konkurrenten analysieren:** Studieren Sie Ihre Konkurrenten, um deren Stärken, Schwächen und Marktpositionierung zu verstehen. Identifizieren Sie Lücken in ihren Angeboten, Bereiche, in denen Sie Ihr Unternehmen differenzieren können, und Möglichkeiten für Innovation und Verbesserung.
5. **Führen Sie eine Keyword-Recherche durch:** Verwenden Sie Tools zur Keyword-Recherche, um relevante Suchbegriffe und Phrasen zu identifizieren, die sich auf Ihre Nische beziehen. Dies hilft Ihnen zu verstehen, nach welchen Themen und Schlüsselwörtern Ihre Zielgruppe online sucht, und ermöglicht Ihnen, den Inhalt Ihrer Website, Ihre Marketingkampagnen und Ihre SEO-Strategie entsprechend zu optimieren.
6. **Bestätigen Sie Ihre Idee:** Testen Sie Ihre Geschäftsidee und Ihr Produktkonzept mit potenziellen Kunden durch Umfragen, Fokusgruppen oder Betatests. Sammeln Sie Feedback, validieren Sie die Nachfrage und passen Sie Ihre

Angebote basierend auf Kundeneingaben an, um sicherzustellen, dass das Produkt zum Markt passt.

C. Analyse der Wettbewerber

Die Wettbewerbsanalyse ist ein wichtiger Bestandteil der Marktforschung und hilft Ihnen, wichtige Wettbewerber zu identifizieren, ihre Stärken und Schwächen zu bewerten und Möglichkeiten zur Differenzierung und zum Wettbewerbsvorteil zu identifizieren. Indem Sie die Strategien, Positionierung und Leistung Ihrer Konkurrenten verstehen, können Sie fundiertere Entscheidungen treffen und eine Strategie entwickeln, um sie auf dem Markt auszumanövrieren.

1. **Identifizieren Sie die wichtigsten Konkurrenten:** Beginnen Sie damit, Ihre Hauptkonkurrenten in Ihrer Nische oder Branche zu identifizieren. Suchen Sie nach Unternehmen, die ähnliche Produkte oder Dienstleistungen anbieten, dieselbe Zielgruppe ansprechen oder in derselben geografischen Region tätig sind.

2. **Analysieren Sie die Websites der Konkurrenz:** Besuchen Sie die Websites Ihrer Konkurrenten und analysieren Sie deren Design, Layout, Botschaften und Benutzererfahrung. Achten Sie auf ihre Produktangebote, Preise, Werbeaktionen und Wertversprechen, um zu verstehen, wie sie sich auf dem Markt positionieren und Kunden anziehen.
3. **Bewerten Sie Marketingstrategien:** Untersuchen Sie die Marketingstrategien und -kanäle Ihrer Konkurrenten, um herauszufinden, welche Taktiken am effektivsten sind, um deren Zielgruppe zu erreichen und anzusprechen. Suchen Sie nach Möglichkeiten, erfolgreiche Strategien nachzuahmen oder Ihr Unternehmen durch die Ausrichtung auf unterversorgte Kanäle oder Nischen von der Konkurrenz abzuheben.
4. **Produktangebote bewerten:** Bewerten Sie die Produktangebote Ihrer Mitbewerber im Hinblick auf Qualität, Funktionen, Preise und Wertversprechen. Identifizieren Sie Lücken oder Mängel in ihren Angeboten, die Sie mit Ihren eigenen

Produkten oder Dienstleistungen beheben können, und suchen Sie nach Möglichkeiten für Innovation und Differenzierung.
5. **Analysieren Sie Kundenrezensionen und Feedback:** Lesen Sie Kundenrezensionen und Feedback zu den Produkten oder Dienstleistungen Ihrer Mitbewerber, um häufige Schwachstellen, Beschwerden und Verbesserungsmöglichkeiten zu identifizieren. Nutzen Sie diese Informationen, um Ihre eigene Produktentwicklungs- und Kundendienststrategie zu untermauern und auf unerfüllte Bedürfnisse oder Bedenken auf dem Markt einzugehen.
6. **Überwachen Sie Social Media und Online-Präsenz:** Überwachen Sie die Social-Media-Profile, Online-Foren und Bewertungsseiten Ihrer Konkurrenten, um die Kundenstimmung einzuschätzen, Branchentrends zu verfolgen und über deren neueste Entwicklungen und Ankündigungen auf dem Laufenden zu bleiben. Suchen Sie nach Möglichkeiten, mit ihrem Publikum in Kontakt zu treten, an

relevanten Gesprächen teilzunehmen und Ihr einzigartiges Wertversprechen zu präsentieren.
7. **SWOT-Analyse:** Führen Sie eine SWOT-Analyse (Stärken, Schwächen, Chancen, Bedrohungen) durch, um die allgemeine Wettbewerbsposition Ihrer Konkurrenten zu bewerten und strategische Erkenntnisse und Empfehlungen zu ermitteln

Kapitel 3

Planen Sie Ihr Online-Geschäft

Planung ist ein entscheidender Schritt bei der Gründung eines jeden Unternehmens, und Online-Unternehmungen bilden da keine Ausnahme. In diesem Abschnitt befassen wir uns mit den wichtigsten Aspekten der Planung Ihres Online-Geschäfts, einschließlich der Definition Ihres Alleinstellungsmerkmals (USP), der Erstellung eines Geschäftsplans und der Festlegung von Zielen und Meilensteinen, die Sie auf Ihrem Weg zum Erfolg begleiten.

A. Definieren Ihres Alleinstellungsmerkmals (USP)

Ihr Alleinstellungsmerkmal (USP) ist es, das Ihr Unternehmen von der Konkurrenz abhebt und es in den Augen Ihrer Zielgruppe einzigartig macht. Aus diesem Grund sollten Kunden Ihre Produkte oder Dienstleistungen den Angeboten Ihrer Mitbewerber vorziehen. Die Definition Ihres USP ist für die Schaffung einer starken Markenidentität, die Gewinnung von Kunden und den Aufbau eines treuen Kundenstamms von entscheidender Bedeutung. Hier sind einige Schritte, die Ihnen bei der Definition Ihres USP helfen sollen:

1. **Identifizieren Sie Ihre Stärken:** SIdentifizieren Sie zunächst die einzigartigen Stärken, Fähigkeiten und Vermögenswerte, die Ihr Unternehmen mitbringt. Dazu können Faktoren wie überlegene Produktqualität, außergewöhnlicher Kundenservice, innovative Funktionen oder Technologien, wettbewerbsfähige Preise oder exklusive Partnerschaften mit Lieferanten gehören.
2. **Verstehen Sie Ihre Zielgruppe:** Gewinnen Sie ein tiefes Verständnis für die Bedürfnisse, Vorlieben und Schwachstellen Ihrer Zielgruppe. Welche Probleme versuchen sie zu lösen und wie können Ihre Produkte oder Dienstleistungen diese Bedürfnisse besser erfüllen als Ihre Konkurrenten? Indem Sie die Beweggründe und Wünsche Ihrer Zielgruppe verstehen, können Sie Ihren USP so anpassen, dass er seinen Interessen und Vorlieben entspricht.

3. **Analysieren Sie den Wettbewerb:** Informieren Sie sich über Ihre Konkurrenten, um deren Angebote, Stärken und Schwächen zu verstehen. Identifizieren Sie Lücken oder Unzulänglichkeiten auf dem Markt, aus denen Sie mit Ihrem eigenen, einzigartigen Wertversprechen Kapital schlagen können. Suchen Sie nach Möglichkeiten zur Differenzierung Ihres Unternehmens, indem Sie etwas anbieten, was Ihre Konkurrenten nicht bieten, oder indem Sie eine bessere Lösung für häufige Kundenprobleme bereitstellen.
4. **Kommunizieren Sie Ihren USP effektiv:** Sobald Sie Ihren USP definiert haben, ist es wichtig, ihn effektiv an Ihre Zielgruppe zu kommunizieren. Integrieren Sie Ihren USP in Ihr Branding, Ihre Botschaften, Marketingmaterialien und Website-Texte, um Konsistenz und Klarheit zu gewährleisten. Heben Sie die Vorteile der Auswahl Ihrer Produkte oder Dienstleistungen hervor und formulieren Sie klar, was Ihr Unternehmen einzigartig und überzeugend macht.

5. **Kontinuierliche Weiterentwicklung und Anpassung:** Die Geschäftslandschaft entwickelt sich ständig weiter und Ihr USP muss sich möglicherweise mit ihm weiterentwickeln. Bleiben Sie über Branchentrends, neue Technologien und Veränderungen in den Verbraucherpräferenzen auf dem Laufenden und seien Sie bereit, Ihren USP entsprechend anzupassen. Holen Sie kontinuierlich Feedback von Kunden ein und überwachen Sie die Wettbewerbslandschaft, um sicherzustellen, dass Ihr Alleinstellungsmerkmal im Laufe der Zeit relevant und überzeugend bleibt.

B. Erstellen eines Geschäftsplans

Ein Geschäftsplan ist eine Roadmap, die Ihre Geschäftsziele, Strategien und Aktionspläne für den Erfolg umreißt. Es dient als Blaupause für Ihr Unternehmen und gibt Ihrer unternehmerischen Reise Richtung, Klarheit und Struktur. Hier sind die wichtigsten Bestandteile eines umfassenden Businessplans:

1. **Zusammenfassung:** Fassen Sie die wichtigsten Aspekte Ihres Geschäftsplans zusammen, einschließlich Ihres Geschäftskonzepts, Ihres Zielmarkts, Ihrer Wettbewerbsanalyse, Ihrer Marketingstrategie, Ihrer Finanzprognosen und Ihres Finanzierungsbedarfs.
2. **Geschäftsbeschreibung:** Geben Sie einen Überblick über Ihr Geschäftskonzept, Ihre Mission, Ihre Vision und Ihre Werte. Beschreiben Sie die Produkte oder Dienstleistungen, die Sie anbieten möchten, Ihren Zielmarkt und Ihr Alleinstellungsmerkmal (USP).
3. **Marktanalyse:** Führen Sie eine gründliche Analyse Ihres Zielmarkts, der Branchentrends, der Kundendemografie und der Wettbewerbslandschaft durch. Identifizieren Sie Chancen, Risiken, Stärken und Schwächen auf dem Markt, die sich auf den Erfolg Ihres Unternehmens auswirken können.
4. **Marketing- und Vertriebsstrategie:** Skizzieren Sie Ihre Marketing- und Vertriebsstrategien zur Kundengewinnung und -bindung. Beschreiben Sie, wie Sie Ihre

Zielgruppe erreichen, Ihre Produkte oder Dienstleistungen bewerben, Leads generieren und Interessenten in Kunden umwandeln möchten. Geben Sie Details zu Ihrer Preisstrategie, Vertriebskanälen und Verkaufsprognosen an.

5. **Betrieb und Management:** Beschreiben Sie die Betriebs- und Organisationsstruktur Ihres Unternehmens, einschließlich Rollen und Verantwortlichkeiten, Personalbedarf und Prozesse für den täglichen Betrieb. Identifizieren Sie alle Technologien, Geräte oder Infrastrukturen, die zur Unterstützung Ihres Geschäftsbetriebs erforderlich sind.

6. **Finanzprognosen:** Stellen Sie detaillierte Finanzprognosen für Ihr Unternehmen bereit, einschließlich Umsatzprognosen, Umsatzprognosen, Kostenschätzungen und Cashflow-Analysen. Fügen Sie eine Break-Even-Analyse sowie eine prognostizierte Gewinn- und Verlustrechnung, Bilanz und Cashflow-Rechnung für die ersten Betriebsjahre hinzu.

7. **Finanzierungsvoraussetzungen:** Wenn Sie für die Gründung oder das Wachstum Ihres Unternehmens externe Finanzierung benötigen, erläutern Sie Ihren Finanzierungsbedarf und potenzielle Finanzierungsquellen. Hierzu können Eigenkapitalinvestitionen, Darlehen, Zuschüsse oder Crowdfunding-Kampagnen gehören. Geben Sie an, wie die Mittel verwendet werden und welche Kapitalrendite für Investoren oder Kreditgeber erwartet wird.
8. **Risikomanagement:** IIdentifizieren Sie potenzielle Risiken und Herausforderungen, die sich auf den Erfolg Ihres Unternehmens auswirken können, und skizzieren Sie Strategien zur Minderung und Bewältigung dieser Risiken. Dazu können Marktrisiken, Wettbewerbsbedrohungen, Probleme bei der Einhaltung gesetzlicher Vorschriften oder betriebliche Herausforderungen gehören.
9. **Implementierungsplan:** Entwickeln Sie einen detaillierten Implementierungsplan, der die Schritte und Meilensteine für die Gründung und das Wachstum Ihres Unternehmens beschreibt. Geben Sie

Zeitpläne, Fristen und Verantwortlichkeiten für jede Aufgabe an und legen Sie messbare Ziele fest, um Fortschritt und Leistung zu verfolgen.
10. **Überwachung und Bewertung:** Legen Sie Metriken und Key Performance Indicators (KPIs) fest, um den Erfolg Ihres Unternehmens zu messen und den Fortschritt bei der Erreichung Ihrer Ziele zu verfolgen. Überwachen und bewerten Sie Ihre Leistung regelmäßig anhand dieser Kennzahlen und nehmen Sie bei Bedarf Anpassungen an Ihrer Strategie vor, um die Ergebnisse zu optimieren.

C. Ziele und Meilensteine setzen

Das Setzen klarer, messbarer Ziele und Meilensteine ist für die Steuerung des Wachstums und Fortschritts Ihres Unternehmens von entscheidender Bedeutung. Ziele geben Richtung und Fokus vor, während Meilensteine dabei helfen, größere Ziele in kleinere, erreichbare Schritte zu unterteilen. Hier sind einige Tipps zum

Setzen effektiver Ziele und Meilensteine für Ihr Online-Geschäft:

1. **Definieren Sie spezifische Ziele:** Beginnen Sie mit der Definition spezifischer, umsetzbarer Ziele, die mit Ihren Geschäftszielen und Prioritäten übereinstimmen. Ob es darum geht, den Umsatz zu steigern, die Marktreichweite zu erweitern, die Kundenzufriedenheit zu verbessern oder ein neues Produkt oder eine neue Dienstleistung auf den Markt zu bringen, stellen Sie sicher, dass Ihre Ziele klar, messbar und innerhalb eines angemessenen Zeitrahmens erreichbar sind.
2. **Setzen Sie sich messbare Ziele:** Legen Sie wichtige Leistungsindikatoren (KPIs) und Metriken fest, um den Fortschritt bei der Erreichung Ihrer Ziele zu messen. Dazu können Kennzahlen wie Umsatz, Website-Traffic, Konversionsraten, Kundenakquisekosten, Customer Lifetime Value oder Social-Media-Engagement gehören. Durch die Festlegung messbarer Ziele können Sie Ihre Leistung verfolgen und

Verbesserungsmöglichkeiten identifizieren.

3. **Unterteilen Sie Ziele in Meilensteine:** Teilen Sie größere Ziele in kleinere, überschaubare Meilensteine oder Ziele auf, die schrittweise erreicht werden können. Dadurch können Sie den Fortschritt effektiver verfolgen und unterwegs kleine Erfolge feiern, sodass Ihr Team motiviert bleibt und sich auf das Erreichen des größeren Ziels konzentriert.
4. **Ressourcen priorisieren und zuweisen:** Priorisieren Sie Ihre Ziele nach Wichtigkeit und Dringlichkeit und weisen Sie Ressourcen, Zeit und Budget entsprechend zu. Konzentrieren Sie sich auf Initiativen mit großer Wirkung, die zu Ihrer Geschäftsstrategie passen und das Potenzial haben, bedeutende Ergebnisse zu erzielen.
5. **Erstellen Sie Aktionspläne:** Entwickeln Sie detaillierte Aktionspläne, in denen die spezifischen Aufgaben, Aktivitäten und Fristen dargelegt werden, die zum Erreichen jedes Ziels und Meilensteins erforderlich sind. Weisen Sie den Teammitgliedern

Verantwortlichkeiten zu und legen Sie klare Erwartungen an Verantwortlichkeit und Leistung fest.
6. **Überprüfen und bei Bedarf anpassen:** Überprüfen Sie regelmäßig Ihre Fortschritte bei der Erreichung Ihrer Ziele und Meilensteine und nehmen Sie bei Bedarf Anpassungen an Ihrer Strategie vor, basierend auf Leistungsdaten und sich ändernden Marktbedingungen. Seien Sie flexibel und anpassungsfähig und scheuen Sie sich nicht, Ihre Ziele oder Aktionspläne zu überarbeiten, wenn die Umstände dies erfordern.
7. **Feiern Sie Erfolge:** CFeiern Sie Erfolge und Meilensteine auf dem Weg, um die harte Arbeit und das Engagement Ihres Teams anzuerkennen. Erkennen und belohnen Sie Fortschritte bei der Erreichung Ihrer Ziele und nutzen Sie diese Momente, um Moral und Schwung für den zukünftigen Erfolg aufzubauen.

Indem Sie Ihr Alleinstellungsmerkmal (USP) definieren, einen umfassenden Geschäftsplan erstellen und klare Ziele und Meilensteine festlegen, können Sie den Grundstein für ein erfolgreiches Online-Geschäft legen, das sich im wettbewerbsintensiven Markt abhebt.

Kapitel 4

Aufbau Ihrer Online-Präsenz

Im heutigen digitalen Zeitalter ist eine starke Online-Präsenz für Unternehmen jeder Größe unerlässlich. Eine gut etablierte Online-Präsenz hilft Unternehmen nicht nur, ihre Zielgruppe zu erreichen und mit ihr in Kontakt zu treten, sondern schafft auch Glaubwürdigkeit, Vertrauen und Markenbekanntheit. In diesem Abschnitt befassen wir uns mit den Schlüsselkomponenten zum Aufbau Ihrer Online-Präsenz, einschließlich der Auswahl des richtigen Domainnamens, der Erstellung einer professionellen Website und der Einrichtung von Social-Media-Profilen, um effektiv mit Ihrem Publikum in Kontakt zu treten.

A. Auswahl des richtigen Domainnamens

Ihr Domainname ist Ihre Online-Identität und spielt eine entscheidende Rolle bei der Gestaltung der Wahrnehmung und Sichtbarkeit Ihrer Marke im Internet. Dabei handelt es sich um die Webadresse, die Benutzer in ihren Browser eingeben, um auf Ihre Website zuzugreifen. Daher ist die Wahl des richtigen Domainnamens für den Aufbau einer einprägsamen und wiedererkennbaren Online-Präsenz von entscheidender Bedeutung. Hier sind einige Tipps zur Auswahl des richtigen Domainnamens für Ihr Unternehmen:

1. **Halte es kurz und einfach:** Wählen Sie einen Domainnamen, der kurz, leicht zu buchstabieren und leicht zu merken ist. Vermeiden Sie die Verwendung von Bindestrichen, Zahlen oder Sonderzeichen, die Benutzer verwirren und das Eingeben oder Erinnern Ihres Domainnamens erschweren können.
2. **Reflektieren Sie Ihre Marke:** Ihr Domainname sollte Ihre Markenidentität widerspiegeln und die Essenz Ihres Unternehmens vermitteln. Idealerweise sollte es Ihren Markennamen oder ein relevantes Schlüsselwort enthalten, das Ihre Produkte oder Dienstleistungen beschreibt. Stellen Sie sicher, dass es relevant und aussagekräftig ist und mit den Werten

und der Positionierung Ihrer Marke übereinstimmt.

3. **Verwenden Sie Schlüsselwörter strategisch:** Integrieren Sie relevante Schlüsselwörter in Ihren Domainnamen, um die Sichtbarkeit in Suchmaschinen zu verbessern und organischen Traffic anzuziehen. Recherchieren Sie nach Schlüsselwörtern, die sich auf Ihre Branche, Nische oder Zielgruppe beziehen, und integrieren Sie diese auf natürliche Weise in Ihren Domainnamen, ohne die Lesbarkeit oder Markenidentität zu beeinträchtigen.

4. **Wählen Sie die richtige Domainendung:** Erwägen Sie die Top-Level-Domain-Erweiterung (TLD), die am besten zu Ihrem Unternehmen und Ihrer Zielgruppe passt. Während .com die beliebteste und weithin anerkannte TLD ist, sind je nach Standort oder Branche Ihres Unternehmens möglicherweise andere Optionen wie .net, .org, .co oder länderspezifische Erweiterungen wie .uk oder .ca besser geeignet.

5. **Verfügbarkeit und Marken prüfen:** Führen Sie vor der Registrierung eines Domainnamens

eine gründliche Suche durch, um sicherzustellen, dass er verfügbar und nicht bereits von einer anderen Partei registriert ist. Suchen Sie nach Marken oder bestehenden Unternehmen mit ähnlichen Namen, um mögliche rechtliche Probleme zu vermeiden. Verwenden Sie Domain-Registrierungsplattformen oder WHOIS-Datenbanken, um die Verfügbarkeit und den Besitz von Domains zu überprüfen.

6. **Erwägen Sie den Markenschutz:** Erwägen Sie die Registrierung von Variationen oder Schreibfehlern Ihres Domainnamens, um zu verhindern, dass Konkurrenten oder böswillige Akteure Ihren Markennamen ausnutzen oder den Datenverkehr auf deren Websites umleiten. Die Registrierung mehrerer Domain-Endungen oder -Varianten kann dazu beitragen, Ihre Marke zu schützen und ein einheitliches Branding über verschiedene Kanäle hinweg sicherzustellen.

7. **Denken Sie langfristig:** Wählen Sie einen Domainnamen, der die Zeit überdauert und mit Ihrem Unternehmen wächst. Vermeiden Sie trendige oder übermäßig

nischenspezifische Namen, die mit der Entwicklung Ihres Unternehmens veralten oder einschränkend werden könnten. Denken Sie langfristig und wählen Sie einen Domainnamen, der zeitlos, vielseitig und skalierbar ist.
8. **Feedback einholen:** Wenn Sie Ihre Optionen eingegrenzt haben, holen Sie Feedback von Kollegen, Freunden oder Branchenkollegen ein, um deren Meinung und Meinung zu Ihrer Domainnamenauswahl zu erfahren. Berücksichtigen Sie deren Feedback und Erkenntnisse, um eine fundierte Entscheidung zu treffen, die mit Ihrer Marke und Ihren Geschäftszielen übereinstimmt.

Zusammenfassend lässt sich sagen, dass die Wahl des richtigen Domainnamens ein entscheidender Schritt beim Aufbau Ihrer Online-Präsenz und der Etablierung Ihrer Markenidentität im Internet ist. Nehmen Sie sich die Zeit, zu recherchieren, ein Brainstorming durchzuführen und einen Domainnamen auszuwählen, der Ihre Marke widerspiegelt, bei Ihrer Zielgruppe Anklang findet und Sie auf langfristigen Erfolg vorbereitet.

B. Erstellen einer professionellen Website

Ihre Website dient als Online-Drehscheibe für Ihr Unternehmen und ist oft der erste Kontaktpunkt zwischen Ihrer Marke und potenziellen Kunden. Eine professionelle Website präsentiert nicht nur Ihre Produkte oder Dienstleistungen, sondern liefert auch wertvolle Informationen, schafft Vertrauen und steigert die Conversions. Hier sind die wichtigsten Schritte zur Erstellung einer professionellen Website für Ihr Unternehmen:

1. **Definieren Sie Ihre Ziele:** SDefinieren Sie zunächst die Ziele und Ziele Ihrer Website. Was möchten Sie mit Ihrer Website erreichen? Sollen Leads generiert, Produkte verkauft, Informationen bereitgestellt oder die Markenbekanntheit aufgebaut werden? Durch die Klärung Ihrer Ziele können Sie den Design- und Entwicklungsprozess steuern und sicherstellen, dass Ihre Website mit Ihren Geschäftszielen übereinstimmt.
2. **Wählen Sie die richtige Plattform:** Wählen Sie eine Website-Plattform

oder ein Content-Management-System (CMS), das Ihren Bedürfnissen und technischen Anforderungen entspricht. Zu den beliebten Optionen gehören WordPress, Shopify, Wix, Squarespace und Magento, die jeweils unterschiedliche Funktionen, Flexibilität und Anpassungsoptionen bieten. Berücksichtigen Sie bei der Auswahl einer Plattform für Ihre Website Faktoren wie Benutzerfreundlichkeit, Skalierbarkeit, Anpassungsoptionen und Integrationsmöglichkeiten.
3. **Wählen Sie ein professionelles Design:** Wählen Sie ein professionelles Designthema oder eine Vorlage, die Ihre Markenidentität widerspiegelt und Ihre Zielgruppe anspricht. Entscheiden Sie sich für klare, moderne Designs mit intuitiver Navigation, klaren Calls-to-Action und mobiler Reaktionsfähigkeit, um ein optimales Benutzererlebnis auf allen Geräten und Bildschirmgrößen zu bieten. Passen Sie das Design an, um die Farben, Schriftarten, Bilder und Ihr Logo Ihrer Marke zu integrieren und so für ein

einheitliches und markentypisches Erscheinungsbild zu sorgen.
4. **Erstellen Sie überzeugende Inhalte:** Entwickeln Sie hochwertige Inhalte, die Ihre Website-Besucher ansprechen und informieren. Dazu gehören überzeugende Texte, fesselnde Bilder, informative Videos und interaktive Elemente, die Ihre Produkte oder Dienstleistungen präsentieren und deren Vorteile und Funktionen hervorheben. Nutzen Sie überzeugende Sprache und Erzähltechniken, um eine emotionale Verbindung zu Ihrem Publikum herzustellen und Aktionen anzustoßen.
5. **Für Suchmaschinen optimieren (SEO):** Implementieren Sie Best Practices für die Suchmaschinenoptimierung (SEO), um die Sichtbarkeit und das Ranking Ihrer Website in den Suchmaschinenergebnissen zu verbessern. Dazu gehört die Optimierung von On-Page-Elementen wie Metatiteln, Beschreibungen, Überschriften und Bild-Alt-Tags sowie die Erstellung hochwertiger, relevanter Inhalte, die auf Schlüsselwörter abzielen und die

Benutzerabsicht ansprechen. Konzentrieren Sie sich darauf, den Benutzern einen Mehrwert zu bieten und die SEO-Richtlinien einzuhalten, um organischen Traffic anzuziehen und die Sichtbarkeit Ihrer Website in den Suchergebnissen zu erhöhen.

6. **Integrieren Sie die Conversion-Optimierung:** Gestalten Sie Ihre Website unter Berücksichtigung der Conversion-Optimierung, um Besucher zu gewünschten Aktionen zu ermutigen, z. B. zum Kauf, zum Ausfüllen eines Kontaktformulars oder zum Abonnieren Ihres Newsletters. Verwenden Sie klare Handlungsaufforderungen, strategisch platzierte Schaltflächen und überzeugende Nachrichten, um Benutzer durch den Conversion-Trichter zu führen und es ihnen leicht zu machen, Maßnahmen zu ergreifen.

7. **Sorgen Sie für Mobilfreundlichkeit:** Angesichts der zunehmenden Nutzung mobiler Geräte zum Surfen im Internet ist es wichtig sicherzustellen, dass Ihre Website mobilfreundlich und für mobile Benutzer optimiert ist. Wählen Sie ein responsives Design, das sich an unterschiedliche

Bildschirmgrößen und Auflösungen anpasst, und testen Sie Ihre Website auf verschiedenen Geräten und Browsern, um ein nahtloses und konsistentes Benutzererlebnis zu gewährleisten.

8. **Implementieren Sie Sicherheitsmaßnahmen:** Schützen Sie Ihre Website und sensible Kundendaten durch die Implementierung robuster Sicherheitsmaßnahmen und -protokolle. Verwenden Sie SSL-Verschlüsselung, um die Datenübertragung zu sichern, installieren Sie Sicherheits-Plugins oder -Software, um Malware und Cyberangriffe zu erkennen und zu verhindern, und aktualisieren Sie regelmäßig die Software, Plugins und Themes Ihrer Website, um Sicherheitslücken zu schließen und vor neuen Bedrohungen geschützt zu bleiben.

9. **Testen und iterieren:** Testen Sie vor dem Start Ihrer Website gründlich deren Funktionalität, Benutzerfreundlichkeit und Leistung auf verschiedenen Geräten und Browsern. Führen Sie Usability-Tests mit echten Benutzern durch, um

etwaige Usability-Probleme oder Reibungspunkte zu identifizieren und notwendige Anpassungen vorzunehmen. Überwachen Sie Website-Analysen und Benutzerfeedback nach dem Start, um die Leistung zu verfolgen, Verbesserungsmöglichkeiten zu identifizieren und Iterationen auf Ihrer Website durchzuführen, um das Benutzererlebnis zu verbessern und Ihre Geschäftsziele zu erreichen.

10. **Bieten Sie fortlaufende Wartung und Support:** Sobald Ihre Website online ist, sorgen Sie für fortlaufende Wartung, Updates und Support, um ihre kontinuierliche Leistung, Sicherheit und Relevanz sicherzustellen. Aktualisieren Sie Inhalte regelmäßig, überwachen Sie Website-Analysen und reagieren Sie umgehend auf technische Probleme oder Kundenanfragen, um ein positives Benutzererlebnis zu gewährleisten und die Wirkung Ihrer Online-Präsenz zu maximieren.

Zusammenfassend lässt sich sagen, dass die Erstellung einer professionellen Website unerlässlich ist, um eine starke Online-Präsenz aufzubauen und effektiv mit Ihrer

Zielgruppe in Kontakt zu treten. Indem Sie diese Schritte befolgen und Best Practices für Website-Design, Inhaltserstellung, Suchmaschinenoptimierung und Benutzererfahrung implementieren, können Sie eine professionelle Website erstellen, die Ihre Marke präsentiert, Ihr Publikum anspricht und die Conversions steigert.

C. Erstellen von Social-Media-Profilen

Zusätzlich zu Ihrer Website bieten Social-Media-Plattformen wertvolle Kanäle zum Auf- und Ausbau Ihrer Online-Präsenz, zur Interaktion mit Ihrem Publikum und zur Steigerung des Traffics auf Ihrer Website. Durch die Einrichtung von Social-Media-Profilen können Sie mit potenziellen Kunden in Kontakt treten, Ihre Produkte oder Dienstleistungen präsentieren und eine Community rund um Ihre Marke aufbauen. So erstellen und nutzen Sie Social-Media-Profile effektiv für Ihr Unternehmen:

1. **Wählen Sie die richtigen Plattformen:** Beginnen Sie damit, die Social-Media-Plattformen zu identifizieren, die für Ihre Zielgruppe am relevantesten sind und sich an Ihren Geschäftszielen orientieren. Zu

den beliebten Plattformen gehören Facebook, Instagram, Twitter, LinkedIn, Pinterest, YouTube und TikTok, die jeweils unterschiedliche demografische Merkmale, Interessen und Inhaltsformate abdecken. Erforschen Sie die Vorlieben und das Verhalten Ihrer Zielgruppe in den sozialen Medien, um herauszufinden, welche Plattformen am besten geeignet sind, sie zu erreichen und mit ihnen in Kontakt zu treten.

2. **Erstellen Sie Markenprofile:** Richten Sie auf ausgewählten Social-Media-Plattformen Markenprofile ein, die Ihre Markenidentität und Botschaften konsistent widerspiegeln. Verwenden Sie Ihr Logo, Ihre Markenfarben und Bilder, um eine zusammenhängende und wiedererkennbare Präsenz auf allen Social-Media-Kanälen zu schaffen. Vervollständigen Sie Ihre Profilinformationen, einschließlich Ihres Firmennamens, Ihrer Biografie, der Website-URL und Kontaktinformationen, um Benutzern wichtige Informationen über Ihr Unternehmen bereitzustellen und das Engagement zu fördern.

3. **Entwickeln Sie eine Content-Strategie:** Entwickeln Sie eine Content-Strategie, die zu Ihrer Markenidentität, Ihrer Zielgruppe und Ihren Geschäftszielen passt. Erstellen Sie einen Inhaltskalender, in dem Sie die Arten von Inhalten, die Sie veröffentlichen, die Themen, die Sie behandeln, und die Häufigkeit der Veröffentlichungen darlegen. Mischen Sie Ihren Content-Mix mit einer Vielzahl von Formaten, darunter textbasierte Beiträge, Bilder, Videos, Infografiken, Umfragen und benutzergenerierte Inhalte, um Ihr Publikum zu fesseln und zu unterhalten.
4. **Interagieren Sie mit Ihrem Publikum:** Interagieren Sie aktiv mit Ihrem Publikum in den sozialen Medien, indem Sie umgehend auf Kommentare, Nachrichten und Erwähnungen reagieren. Fördern Sie Gespräche, stellen Sie Fragen und fördern Sie benutzergenerierte Inhalte, um die Interaktion zu fördern und ein Gemeinschaftsgefühl rund um Ihre Marke aufzubauen. Zeigen Sie Wertschätzung für die Unterstützung Ihrer Follower, nehmen Sie deren Feedback zur

Kenntnis und gehen Sie professionell und einfühlsam auf Bedenken oder Anfragen ein.

5. **Nutzen Sie Hashtags strategisch:** Integrieren Sie relevante Hashtags in Ihre Social-Media-Beiträge, um die Sichtbarkeit zu erhöhen und ein breiteres Publikum zu erreichen. Recherchieren Sie beliebte und angesagte Hashtags mit Bezug zu Ihrer Branche, Nische oder Zielgruppe und integrieren Sie diese strategisch in Ihre Beiträge, um die Auffindbarkeit und das Engagement zu verbessern. Erstellen Sie Marken-Hashtags, um benutzergenerierte Inhalte zu fördern und die Beteiligung der Community rund um Ihre Marke zu fördern.

6. **Nutzen Sie visuelle Inhalte:** Visuelle Inhalte erzielen in sozialen Medien eine außergewöhnlich gute Wirkung und ziehen mit größerer Wahrscheinlichkeit die Aufmerksamkeit der Benutzer auf sich und fördern das Engagement. Verwenden Sie hochwertige Bilder, Videos und Grafiken, um Ihre Beiträge optisch ansprechend zu gestalten und in den Feeds der Benutzer hervorzuheben.

Experimentieren Sie mit verschiedenen Arten von visuellen Inhalten wie Produktfotos, Aufnahmen hinter den Kulissen, Infografiken und Animationen, um Ihren Feed frisch und ansprechend zu halten.

7. **Überwachen Sie Leistung und Analysen:** Überwachen Sie regelmäßig die Leistung Ihrer Social-Media-Profile und verfolgen Sie wichtige Kennzahlen und Analysen, um Ihre Effektivität zu bewerten und Ihre Strategie zu optimieren. Verwenden Sie Social-Media-Analysetools und -Plattformen, um Engagement, Reichweite, Impressionen, Klickraten, Konversionsraten und andere relevante Kennzahlen zu messen. Identifizieren Sie die leistungsstärksten Inhalte, Zielgruppendemografien und Trends, um zukünftige Content-Strategien und Kampagnenoptimierungen zu unterstützen.

8. **Arbeiten Sie mit Influencern und Partnern zusammen:** Arbeiten Sie mit Influencern, Markenbotschaftern oder ergänzenden Unternehmen zusammen, um Ihre Reichweite und

Präsenz in den sozialen Medien zu erhöhen. Identifizieren Sie Influencer oder Partner, deren Zielgruppe Ihrer Zielgruppe entspricht, und arbeiten Sie an gesponserten Inhalten, Co-Branding-Kampagnen oder gemeinsamen Werbeaktionen zusammen, um Ihre Reichweite zu vergrößern und neue Follower und Kunden zu gewinnen.

9. **Führen Sie bezahlte Werbekampagnen durch:** Erwägen Sie die Durchführung bezahlter Werbekampagnen auf Social-Media-Plattformen, um die Sichtbarkeit, Reichweite und Interaktion mit Ihrer Zielgruppe zu erhöhen. Experimentieren Sie mit verschiedenen Anzeigenformaten, Targeting-Optionen und Kampagnenzielen, um Ihren Return on Investment (ROI) zu maximieren und Ihre Geschäftsziele zu erreichen. Setzen Sie klare Ziele, definieren Sie Ihre Zielgruppe und weisen Sie Ihr Budget effektiv zu, um die Kampagnenleistung zu optimieren und Ergebnisse zu erzielen.

10. **Bleiben Sie auf dem Laufenden und passen Sie sich an:** Die Social-Media-Landschaft entwickelt sich

ständig weiter und es entstehen regelmäßig neue Funktionen, Trends und Algorithmen. Bleiben Sie über die neuesten Social-Media-Trends, Best Practices und Plattform-Updates auf dem Laufenden, um Ihre Strategie entsprechend anzupassen und neue Chancen zu nutzen. Experimentieren Sie mit neuen Inhaltsformaten, Funktionen und Strategien, um Ihre Social-Media-Präsenz für Ihr Publikum aktuell, relevant und ansprechend zu halten.

Zusammenfassend lässt sich sagen, dass die Einrichtung von Social-Media-Profilen für den Aufbau Ihrer Online-Präsenz, die Verbindung mit Ihrem Publikum und die Steigerung des Traffics und der Interaktion auf Ihrer Website von entscheidender Bedeutung ist. Indem Sie die richtigen Plattformen auswählen, überzeugende Inhalte erstellen, mit Ihrem Publikum interagieren und Analysen und Erkenntnisse nutzen, können Sie soziale Medien effektiv nutzen, um Ihre Geschäftsziele zu erreichen und Ihre Marke online auszubauen.

Kapitel 5

Einrichten Ihrer E-Commerce-Infrastruktur

Der Aufbau einer robusten E-Commerce-Infrastruktur ist für die Einführung und den Betrieb eines erfolgreichen Online-Shops unerlässlich. Von der Auswahl der richtigen E-Commerce-Plattform bis hin zur Implementierung sicherer Zahlungsgateways und Checkout-Prozesse spielt jeder Aspekt Ihrer Infrastruktur eine entscheidende Rolle bei der Bereitstellung eines nahtlosen und sicheren Einkaufserlebnisses für Ihre Kunden. In diesem umfassenden Leitfaden beleuchten wir die wichtigsten Schritte beim Aufbau Ihrer E-Commerce-Infrastruktur, einschließlich der Auswahl der richtigen E-Commerce-Plattform, der Einrichtung von Zahlungsgateways und der Implementierung sicherer Checkout-Prozesse, um Kundendaten zu schützen und reibungslose Transaktionen zu ermöglichen.

A. Auswahl der richtigen E-Commerce-Plattform

Die Wahl der richtigen E-Commerce-Plattform ist die Grundlage Ihres Online-Shops und kann sich erheblich auf dessen Erfolg auswirken. Da auf dem Markt zahlreiche Optionen verfügbar sind, die von gehosteten Lösungen bis hin zu Open-Source-Plattformen reichen, ist es wichtig, Ihre Geschäftsanforderungen, Ihr Budget und Ihre technischen Anforderungen zu bewerten, bevor Sie eine Entscheidung treffen. So wählen Sie die richtige E-Commerce-Plattform für Ihr Unternehmen aus:

1. **Definieren Sie Ihre Anforderungen:** Beginnen Sie mit der Ermittlung Ihrer Geschäftsanforderungen, einschließlich der Größe Ihres Produktkatalogs, des Verkaufsvolumens, der Skalierbarkeitsanforderungen, der Anpassungsanforderungen und der Budgetbeschränkungen. Bestimmen Sie, ob Sie grundlegende Funktionen für ein kleines Boutique-Geschäft oder erweiterte Funktionen für einen Großunternehmensbetrieb benötigen.
2. **Erwägen Sie Hosting-Optionen:** Entscheiden Sie, ob Sie eine gehostete Lösung bevorzugen, bei der

die E-Commerce-Plattform Ihre Website hostet und technische Aspekte wie Serverwartung und Sicherheitsupdates verwaltet, oder eine selbst gehostete Lösung, bei der Sie mehr Kontrolle und Flexibilität, aber auch mehr Verantwortung für die technische Wartung und Verwaltung haben Sicherheit.

3. **Bewerten Sie Merkmale und Funktionalität:** Vergleichen Sie die Features und Funktionen verschiedener E-Commerce-Plattformen, um sicherzustellen, dass sie Ihren Geschäftsanforderungen und -zielen entsprechen. Suchen Sie nach wesentlichen Funktionen wie Produktmanagement, Bestandsverfolgung, Auftragsverwaltung, Zahlungsabwicklung, Versandintegration und Marketingtools. Erwägen Sie zusätzliche Funktionen wie Multi-Channel-Verkauf, SEO-Optimierung, Analysen und Berichte, um Ihr Wachstum und Ihre Expansion zu unterstützen.

4. **Bewerten Sie die Anpassungsoptionen:** Bewerten Sie den Grad der Anpassung und

Flexibilität, den jede E-Commerce-Plattform bietet, um Ihren Shop an Ihre Markenidentität und Ihre individuellen Anforderungen anzupassen. Suchen Sie nach Plattformen, mit denen Sie Themen, Vorlagen, Layouts und Designelemente anpassen können, ohne dass fortgeschrittene Programmierkenntnisse erforderlich sind. Überlegen Sie, ob Sie Zugriff auf einen Marktplatz mit Apps und Erweiterungen von Drittanbietern benötigen, um zusätzliche Funktionen und Integrationen hinzuzufügen, wenn Ihr Unternehmen wächst.

5. **Überprüfen Sie die Sicherheitsmaßnahmen:**

   Priorisieren Sie die Sicherheit bei der Bewertung von E-Commerce-Plattformen, um die sensiblen Daten Ihrer Kunden zu schützen und die Einhaltung von Branchenstandards und -vorschriften sicherzustellen. Suchen Sie nach Plattformen, die integrierte Sicherheitsfunktionen wie SSL-Verschlüsselung, PCI-Konformität, Tools zur Betrugsprävention und regelmäßige Sicherheitsupdates bieten. Überlegen

Sie, ob sich die Plattform in seriöse Zahlungsgateways integrieren lässt und sichere Checkout-Prozesse unterstützt, um Kundentransaktionen zu schützen.

6. **Preise und Kosten analysieren:** Vergleichen Sie die Preispläne und Abonnementmodelle verschiedener E-Commerce-Plattformen, um eines zu finden, das zu Ihrem Budget passt und das beste Preis-Leistungs-Verhältnis bietet. Berücksichtigen Sie Faktoren wie monatliche Gebühren, Transaktionsgebühren, Bearbeitungsgebühren, Zusatzkosten für Premium-Funktionen oder Support sowie Skalierbarkeitsoptionen, wenn Ihr Unternehmen wächst.

7. **Lesen Sie Rezensionen und Erfahrungsberichte:** Recherchieren Sie Kundenrezensionen, Erfahrungsberichte und Fallstudien, um mehr über die Erfahrungen anderer Händler mit verschiedenen E-Commerce-Plattformen zu erfahren. Suchen Sie nach Feedback zu Benutzerfreundlichkeit, Zuverlässigkeit, Kundensupport, Leistung und Gesamtzufriedenheit, um eine fundierte Entscheidung zu

treffen. Erwägen Sie den Beitritt zu Online-Communities, Foren oder Benutzergruppen, um Fragen zu stellen, Erfahrungen auszutauschen und Empfehlungen von anderen E-Commerce-Unternehmern zu erhalten.

8. **Profitieren Sie von kostenlosen Testversionen:** Viele E-Commerce-Plattformen bieten kostenlose Testversionen oder Demoversionen an, mit denen Sie die Plattform testen und ihre Features und Funktionen erkunden können, bevor Sie eine Verpflichtung eingehen. Nutzen Sie diese Möglichkeiten, um praktische Erfahrungen mit der Plattform zu sammeln, mit verschiedenen Einstellungen und Konfigurationen zu experimentieren und ihre Eignung für Ihre Geschäftsanforderungen zu beurteilen.

9. **Plan für Wachstum und Skalierbarkeit:** Wählen Sie eine E-Commerce-Plattform, die den Wachstums- und Skalierbarkeitsanforderungen Ihres Unternehmens im Laufe der Zeit gerecht wird. Suchen Sie nach Plattformen, die flexible Preispläne, skalierbare Infrastruktur und

integrierte Funktionen oder Integrationen bieten, um die Expansion in neue Märkte, Kanäle und Produktlinien zu unterstützen, wenn Ihr Unternehmen wächst.

10. **Expertenrat einholen:** Wenn Sie sich nicht sicher sind, welche E-Commerce-Plattform für Ihr Unternehmen die richtige ist, ziehen Sie in Betracht, fachkundigen Rat von E-Commerce-Beratern, Webentwicklern oder Digitalagenturen einzuholen, die Erfahrung in der Entwicklung von E-Commerce-Websites und der Plattformauswahl haben. Sie können Erkenntnisse, Empfehlungen und Best Practices basierend auf Ihren spezifischen Anforderungen und Branchenkenntnissen anbieten.

Zusammenfassend lässt sich sagen, dass die Auswahl der richtigen E-Commerce-Plattform eine entscheidende Entscheidung ist, die den Erfolg und das Wachstum Ihres Online-Shops erheblich beeinflussen kann. Indem Sie Ihre Geschäftsanforderungen sorgfältig bewerten, wichtige Faktoren wie Funktionen, Anpassungsoptionen, Sicherheit, Preise und Skalierbarkeit berücksichtigen und bei Bedarf Expertenrat einholen, können Sie eine E-Commerce-Plattform auswählen, die Ihren Anforderungen entspricht und Ihr Unternehmen auf Erfolgskurs bringt .

B. Einrichten von Zahlungsgateways

Zahlungsgateways sind wesentliche Bestandteile Ihrer E-Commerce-Infrastruktur, die sichere Online-Transaktionen ermöglichen und es Kunden ermöglichen, auf Ihrer Website einzukaufen. Beim Einrichten von Zahlungsgateways müssen Sie Zahlungsabwicklungsdienste von Drittanbietern in Ihre E-Commerce-Plattform integrieren, um verschiedene Zahlungsmethoden wie Kreditkarten, Debitkarten, digitale Geldbörsen und alternative Zahlungsoptionen zu akzeptieren. So richten Sie Zahlungsgateways für Ihren Online-Shop ein:

1. **Wählen Sie kompatible Zahlungsgateways:** Recherchieren und wählen Sie Zahlungsgateways aus, die mit Ihrer E-Commerce-Plattform kompatibel sind und die von Ihrer Zielgruppe bevorzugten Zahlungsmethoden unterstützen. Zu den beliebten Zahlungsgateways

gehören unter anderem PayPal, Stripe, Square, Authorize.Net, Braintree und 2Checkout. Berücksichtigen Sie Faktoren wie Transaktionsgebühren, Bearbeitungsgebühren, unterstützte Währungen, Sicherheitsfunktionen und einfache Integration, wenn Sie Zahlungsgateways für Ihren Online-Shop auswählen.

2. **Erstellen Sie Händlerkonten:** Eröffnen Sie Händlerkonten bei ausgewählten Zahlungsgateways, um die Zahlungsabwicklung für Ihren Online-Shop zu ermöglichen. Händlerkonten sind erforderlich, um Zahlungen zu akzeptieren und Gelder aus Kundentransaktionen zu erhalten. Stellen Sie die erforderlichen Informationen und Unterlagen bereit, z. B. Geschäftsdaten, Bankinformationen, Steueridentifikationsnummern und rechtliche Unterlagen, um Händlerkonten bei den von Ihnen ausgewählten Zahlungsgateways zu erstellen.

3. **Zahlungseinstellungen konfigurieren:** Konfigurieren Sie Zahlungseinstellungen und -präferenzen innerhalb Ihrer E-Commerce-Plattform, um Zahlungsgateways zu integrieren und die Zahlungsabwicklung auf Ihrer Website zu ermöglichen. Abhängig von Ihrer Plattform

müssen Sie möglicherweise Zahlungs-Gateway-Plugins oder -Erweiterungen installieren und konfigurieren, API-Anmeldeinformationen eingeben, Zahlungsmethoden einrichten und Checkout-Einstellungen konfigurieren, um eine nahtlose Zahlungsabwicklung für Kunden zu ermöglichen.

4. **Testen Sie die Zahlungsintegration:** Testen Sie die Zahlungsintegration und -verarbeitung, um sicherzustellen, dass Zahlungsgateways korrekt eingerichtet sind und wie erwartet funktionieren. Führen Sie Testtransaktionen mit verschiedenen Zahlungsmethoden wie Kreditkarten, Debitkarten und digitalen Geldbörsen durch, um zu überprüfen, ob Zahlungen erfolgreich verarbeitet werden, Gelder auf Ihr Händlerkonto überwiesen werden und Bestellungen korrekt auf Ihrer E-Commerce-Plattform erfasst werden.

5. **Implementieren Sie Sicherheitsmaßnahmen:** Implementieren Sie Sicherheitsmaßnahmen, um sensible Kundendaten zu schützen und sichere Transaktionen während des gesamten Zahlungsprozesses zu gewährleisten. Stellen Sie sicher, dass Ihre Website SSL-verschlüsselt ist, um die Datenübertragung zwischen dem Browser des Kunden und Ihrem Server zu verschlüsseln und so

unbefugten Zugriff auf Zahlungsinformationen zu verhindern. Befolgen Sie die Compliance-Anforderungen und Best Practices des PCI DSS (Payment Card Industry Data Security Standard), um Zahlungsgateways zu sichern, Kundendaten zu schützen und Betrug zu verhindern.

6. **Bieten Sie mehrere Zahlungsoptionen an:** Bieten Sie Ihren Kunden mehrere Zahlungsoptionen, um ihren Vorlieben gerecht zu werden und die Konversionsraten zu erhöhen. Bieten Sie beliebte Zahlungsmethoden wie Kreditkarten (Visa, Mastercard, American Express), Debitkarten, PayPal, Apple Pay, Google Pay und andere digitale Geldbörsen an. Erwägen Sie die Unterstützung alternativer Zahlungsmethoden und lokaler Zahlungsoptionen, um unterschiedlichen Kundenpräferenzen und internationalen Zielgruppen gerecht zu werden.

7. **Optimieren Sie den Checkout-Prozess:** Optimieren Sie den Checkout-Prozess, um Reibungsverluste zu minimieren und die Abbruchraten im Einkaufswagen zu senken. Optimieren Sie Ihren Checkout-Ablauf, indem Sie unnötige Schritte eliminieren, Formularfelder reduzieren, Gast-Checkout-Optionen bereitstellen, Ein-Klick- oder gespeicherte Zahlungsmethoden

anbieten und klare Fortschrittsindikatoren anzeigen. Stellen Sie Bestellzusammenfassungen, Versandoptionen und transparente Preise in Echtzeit bereit, um Vertrauen bei den Kunden zu schaffen und sie zum Abschluss ihrer Einkäufe zu ermutigen.

8. **Überwachen Sie die Zahlungsleistung:** Überwachen Sie die Zahlungsleistung und -analysen, um Transaktionskennzahlen zu verfolgen, Trends zu erkennen und Zahlungsprozesse für eine bessere Leistung und Effizienz zu optimieren. Verwenden Sie Dashboards, Berichte und Analysetools für Zahlungsgateways, um Transaktionsvolumina, Genehmigungsraten, Ablehnungsraten, Rückbuchungsquoten und andere wichtige Leistungsindikatoren zu überwachen. Analysieren Sie Transaktionsdaten, um Verbesserungsmöglichkeiten zu identifizieren, Probleme proaktiv anzugehen und Zahlungsstrategien zu optimieren, um Umsatz und Kundenzufriedenheit zu maximieren.

9. **Stellen Sie die Einhaltung sicher:** Stellen Sie die Einhaltung relevanter Vorschriften, Gesetze und Branchenstandards für die Zahlungsabwicklung und Datensicherheit

sicher. Bleiben Sie über Aktualisierungen der Zahlungsvorschriften, Datenschutzgesetze und Sicherheitsstandards wie DSGVO (Datenschutz-Grundverordnung) und PSD2 (Zahlungsdiensterichtlinie 2) auf dem Laufenden und stellen Sie sicher, dass Ihre Zahlungsprozesse diesen Anforderungen entsprechen. Arbeiten Sie mit Rechts- und Compliance-Experten zusammen, um sicherzustellen, dass die Einrichtung und Vorgehensweise Ihres Zahlungsgateways den geltenden Vorschriften und Standards entspricht, um mögliche rechtliche und finanzielle Konsequenzen zu vermeiden.

10. **Bieten Sie Unterstützung und Hilfe:** Bieten Sie Kundensupport und Unterstützung an, um alle zahlungsbezogenen Anfragen, Probleme oder Bedenken der Kunden zu beantworten. Stellen Sie auf Ihrer Website klare Kontaktinformationen, FAQs und Hilfedokumentation bereit, um Kunden bei zahlungsbezogenen Fragen oder bei der Fehlerbehebung zu unterstützen. Schulen Sie Ihr Support-Team darin, Zahlungsanfragen professionell und effizient zu bearbeiten und zeitnahe Antworten und Lösungen bereitzustellen, um ein positives Kundenerlebnis während des gesamten Zahlungsprozesses zu gewährleisten.

Zusammenfassend ist die Einrichtung von Zahlungsgateways ein entscheidender Aspekt beim Aufbau Ihrer E-Commerce-Infrastruktur und der Erleichterung sicherer Online-Transaktionen für Ihre Kunden. Indem Sie kompatible Zahlungsgateways auswählen, Händlerkonten erstellen, Zahlungseinstellungen konfigurieren, Sicherheitsmaßnahmen implementieren, mehrere Zahlungsoptionen anbieten, den Checkout-Prozess optimieren, die Zahlungsleistung überwachen, Compliance sicherstellen und Support und Unterstützung bereitstellen, können Sie Zahlungsgateways effektiv einrichten und bereitstellen ein nahtloses und sicheres Zahlungserlebnis für Ihre Online-Shop-Kunden.

C. Implementierung sicherer Checkout-Prozesse

Die Implementierung sicherer Checkout-Prozesse ist unerlässlich, um Kundendaten zu schützen, Betrug zu verhindern und Vertrauen in Ihren E-Commerce-Shop aufzubauen. Ein sicherer Checkout-Prozess stellt sicher, dass sensible Informationen, wie Zahlungsdetails und persönliche Daten, verschlüsselt und sicher übertragen werden, um unbefugten Zugriff oder Abfangen durch

Dritte zu verhindern. So implementieren Sie sichere Checkout-Prozesse für Ihren Online-Shop:

1. **Verwenden Sie SSL-Verschlüsselung:** Sichern Sie Ihren Checkout-Prozess mit SSL-Verschlüsselung (Secure Sockets Layer), um die Datenübertragung zwischen dem Browser des Kunden und Ihrem Server zu verschlüsseln. Die SSL-Verschlüsselung schützt sensible Informationen wie Kreditkartennummern, Passwörter und persönliche Daten vor dem Abfangen oder dem Zugriff durch Hacker oder böswillige Akteure. Besorgen Sie sich ein SSL-Zertifikat von einer vertrauenswürdigen Zertifizierungsstelle und konfigurieren Sie Ihre Website so, dass sie das HTTPS-Protokoll zum Verschlüsseln von Daten verwendet und ein sicheres Vorhängeschloss-Symbol in der Adressleiste des Browsers anzeigt.
2. **Datenerfassung minimieren:** Minimieren Sie die während des Bezahlvorgangs erfasste Datenmenge, um das Risiko von Datenschutzverletzungen und

unbefugtem Zugriff zu verringern. Erfassen Sie nur die wesentlichen Informationen, die für die Abwicklung der Transaktion erforderlich sind, wie Rechnungs- und Lieferadressen, Zahlungsdetails und Kontaktinformationen. Vermeiden Sie die Speicherung sensibler Zahlungsinformationen auf Ihren Servern und nutzen Sie Tokenisierung oder Zahlungsgateways von Drittanbietern, um die Zahlungsabwicklung sicher abzuwickeln, ohne Kreditkartennummern oder andere sensible Daten auf Ihren Servern zu speichern.
3. **Bieten Sie sichere Zahlungsoptionen:** Bieten Sie sichere Zahlungsoptionen an und integrieren Sie vertrauenswürdige Zahlungsgateways, die den Industriestandards und Sicherheitsprotokollen entsprechen, um die Zahlungsinformationen der Kunden zu schützen. Wählen Sie Zahlungsgateways, die sichere Zahlungsmethoden wie Tokenisierung, Verschlüsselung und Betrugserkennung unterstützen, um

sicherzustellen, dass sensible Daten während des Zahlungsvorgangs geschützt sind. Zeigen Sie anerkannte Zahlungslogos und Sicherheitssiegel an, um Kunden zu beruhigen und Vertrauen in die Sicherheit ihrer Transaktionen zu schaffen.

4. **Implementieren Sie die Multi-Faktor-Authentifizierung:** Implementieren Sie die Multi-Faktor-Authentifizierung (MFA) oder die Zwei-Faktor-Authentifizierung (2FA), um Ihrem Checkout-Prozess eine zusätzliche Sicherheitsebene hinzuzufügen und die Identität der Kunden zu überprüfen, bevor Sie Transaktionen abschließen. Fordern Sie Kunden auf, ihre Identität zusätzlich zur Eingabe ihres Benutzernamens und Passworts mithilfe einer zweiten Form der Authentifizierung zu überprüfen, z. B. einem Einmalpasswort (OTP), das an ihr Mobilgerät oder ihre E-Mail-Adresse gesendet wird. MFA trägt dazu bei, unbefugten Zugriff auf Kundenkonten zu verhindern und das Risiko von Kontoübernahmen und Betrug zu verringern.

5. **Adressüberprüfung aktivieren:** Aktivieren Sie Adressverifizierungsdienste (AVS), um die Authentizität der Rechnungsadressen zu überprüfen, die Kunden während des Bezahlvorgangs

angegeben haben. AVS vergleicht die vom Kunden eingegebene Rechnungsadresse mit der beim Kreditkartenaussteller hinterlegten Adresse, um die Transaktion zu validieren und das Risiko betrügerischer Transaktionen zu verringern. Konfigurieren Sie Ihr Zahlungsgateway, um AVS-Prüfungen durchzuführen und Transaktionen mit nicht übereinstimmenden oder ungültigen Adressen zur weiteren Überprüfung und Verifizierung zu kennzeichnen.

6. **Implementieren Sie Tools zur Betrugserkennung:** Implementieren Sie Tools und Algorithmen zur Betrugserkennung, um betrügerische Transaktionen in Echtzeit zu erkennen und zu verhindern. Nutzen Sie maschinelles Lernen, künstliche Intelligenz und Verhaltensanalysen, um Transaktionsmuster zu analysieren, verdächtige Aktivitäten zu erkennen und potenziell betrügerische Transaktionen zur manuellen Überprüfung zu kennzeichnen. Konfigurieren Sie Regeln und Schwellenwerte, um Transaktionen, die Hochrisikoindikatoren aufweisen, wie ungewöhnliche Kaufbeträge, mehrere fehlgeschlagene Anmeldeversuche oder verdächtige IP-Adressen, automatisch zu blockieren oder zu kennzeichnen.

7. **Bieten Sie die Checkout-Option für Gäste an:** Bieten Sie eine Gast-Checkout-

Option an, die es Kunden ermöglicht, Einkäufe abzuschließen, ohne ein Konto zu erstellen oder unnötige persönliche Daten anzugeben. Der Gast-Checkout reduziert Reibungsverluste für Erstkunden und regt zu Impulskäufen an. Stellen Sie aber dennoch sicher, dass die Gast-Checkout-Prozesse sicher und datenschutzkonform sind. Geben Sie klare Anweisungen und Anleitungen, um Kunden durch den Bezahlvorgang zu führen und ihnen die Sicherheit ihrer Transaktionen zu versichern.

8. **Vertrauenssignale anzeigen:** Zeigen Sie während des Bezahlvorgangs gut sichtbar Vertrauenssignale und Sicherheitsabzeichen an, um Kunden zu beruhigen und Vertrauen in die Sicherheit ihrer Transaktionen aufzubauen. Fügen Sie anerkannte Sicherheitslogos, SSL-Zertifikate, PCI-Compliance-Abzeichen und Vertrauenssiegel seriöser Organisationen hinzu, um anzuzeigen, dass Ihre Website sicher und vertrauenswürdig ist und den Industriestandards entspricht. Platzieren Sie Vertrauenssignale strategisch in der Nähe des Zahlungsformulars oder der Checkout-Schaltfläche, um die Aufmerksamkeit der Kunden zu erregen und Bedenken hinsichtlich Sicherheit und Datenschutz auszuräumen.

9. **Informieren Sie Kunden über Sicherheit:** Informieren Sie Kunden über die Bedeutung von Sicherheit und Datenschutz während des Bezahlvorgangs, um das Bewusstsein zu schärfen und sichere Online-Einkaufspraktiken zu fördern. Informieren Sie über die Sicherheitsmaßnahmen zum Schutz der Kundendaten, wie z. B. Verschlüsselung, Betrugserkennung und Einhaltung von Datenschutzbestimmungen. Bieten Sie Tipps und Best Practices zum Erstellen sicherer Passwörter, zur Vermeidung von Phishing-Betrügereien und zum Schutz persönlicher Daten an, um Kunden dabei zu helfen, ihre Konten und Transaktionen zu schützen.

10. **Regelmäßig aktualisieren und überwachen:** Aktualisieren und überwachen Sie regelmäßig Ihren Checkout-Prozess und Ihre Sicherheitsprotokolle, um auf neue Bedrohungen, Schwachstellen und Compliance-Anforderungen zu reagieren. Bleiben Sie über die neuesten Sicherheitstrends, Technologien und Vorschriften im E-Commerce auf dem Laufenden und implementieren Sie notwendige Updates und Verbesserungen, um die Integrität und Sicherheit Ihres Checkout-Prozesses zu gewährleisten. Überwachen Sie Transaktionsprotokolle, Sicherheitswarnungen und Kundenfeedback

auf Anzeichen verdächtiger Aktivitäten oder Sicherheitsvorfälle und ergreifen Sie umgehend Maßnahmen, um potenzielle Risiken zu untersuchen und zu mindern.

Zusammenfassend lässt sich sagen, dass die Implementierung sicherer Checkout-Prozesse von entscheidender Bedeutung ist, um Kundendaten zu schützen, Betrug zu verhindern und Vertrauen in Ihren E-Commerce-Shop aufzubauen. Durch die Verwendung von SSL-Verschlüsselung, die Minimierung der Datenerfassung, die Bereitstellung sicherer Zahlungsoptionen, die Implementierung einer Multi-Faktor-Authentifizierung, die Ermöglichung der Adressverifizierung, die Implementierung von Tools zur Betrugserkennung, das Anbieten von Gast-Checkout, die Anzeige von Vertrauenssignalen, die Aufklärung der Kunden über Sicherheit sowie die regelmäßige Aktualisierung und Überwachung von Sicherheitsmaßnahmen, Sie können ein sicheres und nahtloses Checkout-Erlebnis schaffen, das bei Ihren Kunden Vertrauen schafft und sie dazu ermutigt, ihre Einkäufe abzuschließen.

Kapitel 6

Marketing und Werbung

Marketing und Werbung spielen eine entscheidende Rolle für den Erfolg eines jeden Unternehmens, insbesondere im Wettbewerbsumfeld des digitalen Zeitalters. Effektive Marketingstrategien helfen Unternehmen dabei, Kunden zu gewinnen, zu binden und zu binden, Umsatz und Umsatz zu steigern sowie Markenbekanntheit und -treue aufzubauen. In diesem umfassenden Leitfaden untersuchen wir die Schlüsselkomponenten von Marketing und Werbeaktionen, einschließlich der Entwicklung einer Marketingstrategie, Content-Marketing und SEO, Social-Media-Marketing und E-Mail-Marketing, um Unternehmen dabei zu helfen, ihre Zielgruppe zu erreichen und ihre Geschäftsziele zu erreichen sich vom Markt abheben.

A. Entwicklung einer Marketingstrategie

Die Entwicklung einer Marketingstrategie ist die Grundlage jeder erfolgreichen

Marketingkampagne. Eine klar definierte Marketingstrategie beschreibt die Ziele, Zielgruppe, Botschaften, Kanäle und Taktiken, mit denen die gewünschten Ergebnisse erzielt werden sollen. So entwickeln Sie eine umfassende Marketingstrategie:

1. **Definieren Sie Ihre Ziele:** Beginnen Sie mit der Definition Ihrer Marketingziele und -ziele. Was möchten Sie mit Ihren Marketingbemühungen erreichen? Ganz gleich, ob es darum geht, die Markenbekanntheit zu steigern, den Website-Traffic zu steigern, Leads zu generieren, den Umsatz zu steigern oder die Kundenbindung zu verbessern: Definieren Sie klar Ihre Ziele, um Ihre Strategie zu leiten und den Erfolg zu messen.
2. **Kenne deine Zuhörer:** Verstehen Sie die Demografie, Vorlieben, Bedürfnisse und Schwachstellen Ihrer Zielgruppe, um Ihre Marketingbotschaften und -taktiken effektiv anzupassen. Führen Sie Marktforschung durch, analysieren Sie Kundendaten und erstellen Sie Käuferpersönlichkeiten, um Ihre idealen Kunden zu identifizieren und

Ihre Zielgruppe anhand von Faktoren wie Alter, Geschlecht, Standort, Interessen und Kaufverhalten zu segmentieren.
3. **Identifizieren Sie Schlüsselbotschaften:** Entwickeln Sie Schlüsselbotschaften und Wertversprechen, die bei Ihrer Zielgruppe Anklang finden und Ihre Marke von der Konkurrenz abheben. Heben Sie die einzigartigen Merkmale, Vorteile und den Wert Ihrer Produkte oder Dienstleistungen hervor und kommunizieren Sie diese klar und konsistent über alle Marketingkanäle und Touchpoints hinweg.
4. **Wählen Sie Ihre Kanäle:** Wählen Sie die am besten geeigneten Marketingkanäle und -plattformen aus, um Ihre Zielgruppe effektiv zu erreichen. Erwägen Sie eine Mischung aus Online- und Offline-Kanälen wie digitale Werbung, soziale Medien, Content-Marketing, E-Mail-Marketing, Suchmaschinenoptimierung (SEO), Öffentlichkeitsarbeit, Veranstaltungen und traditionelle Werbung, basierend auf den Vorlieben, dem Verhalten und dem

Medienkonsum Ihrer Zielgruppe Gewohnheiten.
5. **Legen Sie Ihr Budget fest:** Weisen Sie Ressourcen und Budgets für Ihre Marketinginitiativen basierend auf Ihren Zielen, der Zielgruppengröße und den ausgewählten Kanälen zu. Bestimmen Sie, wie viel Sie für Marketing ausgeben können, und priorisieren Sie Investitionen in wirkungsvolle Taktiken und Kanäle, die den besten Return on Investment (ROI) für Ihr Unternehmen bieten.
6. **Erstellen Sie eine Zeitleiste:** Entwickeln Sie einen Marketingkalender oder eine Zeitleiste mit den wichtigsten Aktivitäten, Kampagnen und Meilensteinen, um Ihre Marketingbemühungen organisiert und auf Kurs zu halten. Unterteilen Sie Ihre Strategie in umsetzbare Schritte, legen Sie Fristen fest und weisen Sie Ressourcen effizient zu, um eine rechtzeitige Umsetzung und Bereitstellung von Marketinginitiativen sicherzustellen.
7. **Ergebnisse messen und analysieren:** Implementieren Sie Tracking-Mechanismen und Analysetools, um die Leistung und

Effektivität Ihrer Marketingkampagnen zu messen. Überwachen Sie wichtige Leistungsindikatoren (KPIs) wie Website-Traffic, generierte Leads, Konversionsraten, Kundenakquisekosten (CAC), Return on Ad Spend (ROAS) und Customer Lifetime Value (CLV), um die Auswirkungen Ihrer Marketingbemühungen zu bewerten und zu identifizieren Verbesserungswürdige Bereiche.

8. **Anpassen und iterieren:** Überprüfen und analysieren Sie regelmäßig Marketingdaten und Erkenntnisse, um Trends, Muster und Optimierungsmöglichkeiten zu erkennen. Nutzen Sie das Feedback von Kunden, Stakeholdern und Teammitgliedern, um Ihre Marketingstrategie zu verfeinern, Taktiken anzupassen und mit neuen Ansätzen zu experimentieren, um mit der Zeit bessere Ergebnisse zu erzielen. Bleiben Sie agil und reagieren Sie auf Veränderungen im Markt, in der Branche und im Verbraucherverhalten, um der Konkurrenz einen Schritt voraus zu sein und eine kontinuierliche

Verbesserung Ihrer Marketingbemühungen voranzutreiben.

Durch die Befolgung dieser Schritte können Unternehmen eine umfassende Marketingstrategie entwickeln, die auf ihre Ziele abgestimmt ist, bei ihrer Zielgruppe Anklang findet und über verschiedene Kanäle und Berührungspunkte hinweg aussagekräftige Ergebnisse liefert.

B. Content Marketing und SEO

Content-Marketing und SEO (Suchmaschinenoptimierung) sind integrale Bestandteile jeder digitalen Marketingstrategie. Beim Content-Marketing geht es darum, wertvolle, relevante und konsistente Inhalte zu erstellen und zu verbreiten, um eine Zielgruppe anzulocken und einzubinden, während sich SEO auf die Optimierung von Website-Inhalten und Online-Präsenz konzentriert, um das Ranking und die Sichtbarkeit in Suchmaschinen zu verbessern. So nutzen Sie Content-Marketing und SEO effektiv:

1. **Entwickeln Sie eine Content-Strategie:** Definieren Sie Ihre

Content-Marketing-Strategie, indem Sie Ihre Zielgruppe, Content-Ziele, Nachrichten und Vertriebskanäle identifizieren. Erstellen Sie einen Inhaltskalender mit Themen, Formaten und Veröffentlichungsplänen, um einen konsistenten Inhaltsfluss sicherzustellen, der auf die Bedürfnisse des Publikums eingeht und mit den Geschäftszielen übereinstimmt.

2. **Erstellen Sie hochwertige Inhalte:** Produzieren Sie hochwertige, relevante und ansprechende Inhalte, die Ihrer Zielgruppe einen Mehrwert bieten und auf ihre Bedürfnisse, Interessen und Schwachstellen eingehen. Experimentieren Sie mit verschiedenen Inhaltsformaten wie Blogbeiträgen, Artikeln, Videos, Infografiken, Podcasts, Webinaren, E-Books und Fallstudien, um unterschiedlichen Vorlieben und Konsumgewohnheiten gerecht zu werden.

3. **Für SEO optimieren:** Optimieren Sie Ihre Inhalte für Suchmaschinen, indem Sie relevante Schlüsselwörter, Phrasen und Themen einbinden, die zu den Suchanfragen und Absichten

der Benutzer passen. Führen Sie eine Keyword-Recherche durch, um Keywords mit hohem Volumen und geringer Konkurrenz im Zusammenhang mit Ihrer Branche, Ihren Produkten und Ihrer Zielgruppe zu identifizieren und diese auf natürliche Weise in Ihre Inhalte, Überschriften, Titel und Meta-Tags zu integrieren, um das Ranking und die Sichtbarkeit in Suchmaschinen zu verbessern.

4. **Regelmäßig veröffentlichen:** Veröffentlichen Sie regelmäßig frische, wertvolle Inhalte, um Ihr Publikum zu fesseln und Suchmaschinenverkehr anzulocken. Halten Sie einen regelmäßigen Veröffentlichungsplan ein und aktualisieren Sie Ihre Website und Ihr Blog regelmäßig mit neuen Inhalten, um Suchmaschinen zu signalisieren, dass Ihre Website aktiv, relevant und maßgeblich ist. Überwachen Sie die Leistung Ihrer Inhalte und passen Sie Ihre Veröffentlichungshäufigkeit und -rhythmus basierend auf dem Engagement des Publikums und den SEO-Ergebnissen an.

5. **Kanalübergreifend bewerben:** Bewerben Sie Ihre Inhalte auf

verschiedenen Kanälen und Plattformen, um Reichweite und Engagement zu maximieren. Teilen Sie Ihre Inhalte in sozialen Medien, E-Mail-Newslettern, Branchenforen, Online-Communities und Content-Syndication-Plattformen, um Ihr Publikum zu erweitern und den Traffic zurück auf Ihre Website zu lenken. Ermutigen Sie zum Teilen, Kommentieren und Diskussionen in sozialen Netzwerken, um die Reichweite und Sichtbarkeit Ihrer Inhalte zu erhöhen.

6. **Bauen Sie Backlinks auf**: Erstellen Sie hochwertige Backlinks zu Ihrer Website aus seriösen und relevanten Quellen, um die Autorität und Glaubwürdigkeit Ihrer Website in den Augen von Suchmaschinen zu verbessern. Suchen Sie nach Möglichkeiten für Gastblogging, Influencer-Kooperationen, Branchenpartnerschaften und Verzeichniseinträge, um Backlinks von maßgeblichen Websites und Veröffentlichungen zu erhalten. Erstellen Sie wertvolle, teilbare Inhalte, die auf natürliche Weise eingehende Links und Verweise von anderen Websites anziehen.

7. **Website-Struktur optimieren:** Optimieren Sie die Struktur, Navigation und interne Verlinkung Ihrer Website, um das Benutzererlebnis und die Crawlbarkeit durch Suchmaschinen zu verbessern. Organisieren Sie Inhalte in logische Kategorien und Unterkategorien, erstellen Sie benutzerfreundliche URLs und verwenden Sie beschreibenden Ankertext für interne Links, um Suchmaschinen dabei zu helfen, die Relevanz und den Kontext Ihrer Inhalte zu verstehen. Stellen Sie sicher, dass Ihre Website für Mobilgeräte geeignet ist, schnell lädt und zugänglich ist, um die Benutzereinbindung und das Suchranking zu verbessern.

8. **Ergebnisse überwachen und messen:** Überwachen Sie die Leistung von Inhalten und SEO-Kennzahlen mithilfe von Analysetools, um Website-Verkehr, Keyword-Rankings, Backlink-Profil, Engagement-Kennzahlen und Konversionsraten zu verfolgen. Analysieren Sie Daten regelmäßig, um Content-Lücken, Chancen und Verbesserungsmöglichkeiten zu

identifizieren, und passen Sie Ihre Content-Strategie und SEO-Taktiken entsprechend an, um bessere Ergebnisse zu erzielen und Ihre Marketingziele zu erreichen.

Durch die Implementierung einer robusten Content-Marketing-Strategie und bewährter SEO-Praktiken können Unternehmen wertvolle, auffindbare Inhalte erstellen, die ihre Zielgruppe anziehen und einbeziehen, das Suchmaschinen-Ranking verbessern und den organischen Traffic und die Conversions auf ihrer Website steigern.

C. Social-Media-Marketing

Social-Media-Marketing ist ein leistungsstarkes Tool für Unternehmen, um mit ihrer Zielgruppe in Kontakt zu treten, Markenbekanntheit aufzubauen, den Website-Verkehr zu steigern und in Echtzeit mit Kunden in Kontakt zu treten. Mit Milliarden aktiver Nutzer auf Social-Media-Plattformen können Unternehmen Social-Media-Marketing nutzen, um ihre Zielgruppe effektiv zu erreichen und einzubinden. So nutzen Sie die Kraft des Social-Media-Marketings:

1. **Definieren Sie Ihre Ziele:** Beginnen Sie mit der Definition Ihrer Social-Media-Marketingziele, um Ihre Ziele zu klären und Ihre Strategie zu leiten. Ganz gleich, ob Sie die Markenbekanntheit steigern, den Website-Traffic steigern, Leads generieren, den Umsatz steigern oder die Kundenbindung verbessern möchten – klar definierte Ziele helfen Ihnen dabei, Ihre Bemühungen zu fokussieren und den Erfolg effektiv zu messen.
2. Kennen Sie Ihre Zielgruppe: Verstehen Sie die Demografie, Interessen, Vorlieben und das Verhalten Ihrer Zielgruppe in sozialen Medien, um Ihre Nachrichten und Inhalte effektiv anzupassen. Führen Sie Zielgruppenrecherchen durch, analysieren Sie Social-Media-Einblicke und erstellen Sie Buyer-Personas, um herauszufinden, wer Ihre Zielgruppe ist, wo sie sich online aufhält und welche Inhalte bei ihr Anklang finden.
3. Wählen Sie die richtigen Plattformen: Wählen Sie die am besten geeigneten Social-Media-Plattformen basierend auf Ihrer Zielgruppe, Ihren Geschäftszielen und Ihrer Branche aus. Berücksichtigen Sie Faktoren wie Plattformdemografie, Benutzerinteraktion, Inhaltsformate und

Werbeoptionen, um festzustellen, welche Plattformen Ihren Zielen entsprechen und die besten Möglichkeiten bieten, Ihr Publikum zu erreichen und einzubinden.

4. Erstellen Sie überzeugende Inhalte: Entwickeln Sie ansprechende und relevante Inhalte, die die Aufmerksamkeit Ihres Publikums auf sich ziehen und zur Interaktion und zum Teilen anregen. Experimentieren Sie mit verschiedenen Inhaltsformaten wie Bildern, Videos, Infografiken, Umfragen, Quizzen, Geschichten und Livestreams, um Ihren Feed vielfältig und ansprechend zu halten. Passen Sie Ihre Inhalte an die einzigartigen Funktionen und Zielgruppenpräferenzen jeder Plattform an, um Engagement und Wirkung zu maximieren.

5. Behalten Sie Konsistenz bei: Halten Sie einen konsistenten Veröffentlichungsplan ein, um Ihr Publikum zu fesseln und im Gedächtnis zu bleiben. Erstellen Sie einen Inhaltskalender, in dem Sie darlegen, wann und welche Art von Inhalten Sie auf den einzelnen Plattformen veröffentlichen, und halten Sie sich daran, um einen stetigen Inhaltsfluss aufrechtzuerhalten. Konsistenz ist der Schlüssel zum Aufbau der Markenbekanntheit, zur Vergrößerung Ihres

Publikums und zur langfristigen Pflege der Beziehungen zu Ihren Followern.

6. Interagieren Sie mit Ihrem Publikum: Interagieren Sie aktiv mit Ihrem Publikum, indem Sie umgehend auf Kommentare, Nachrichten und Erwähnungen reagieren. Fördern Sie Gespräche, stellen Sie Fragen und fördern Sie benutzergenerierte Inhalte, um ein Gemeinschaftsgefühl rund um Ihre Marke zu schaffen. Zeigen Sie Wertschätzung für die Unterstützung Ihrer Follower, nehmen Sie deren Feedback zur Kenntnis und gehen Sie professionell und einfühlsam auf Bedenken oder Anfragen ein.

7. Nutzen Sie bezahlte Werbung: Erwägen Sie die Investition in bezahlte Werbung auf Social-Media-Plattformen, um Ihre Reichweite zu vergrößern, bestimmte Zielgruppen anzusprechen und messbare Ergebnisse zu erzielen. Experimentieren Sie mit verschiedenen Anzeigenformaten, Targeting-Optionen und Kampagnenzielen, um Ihren Return on Investment (ROI) zu maximieren und Ihre Marketingziele zu erreichen. Setzen Sie klare Ziele, definieren Sie Ihre Zielgruppe und weisen Sie Ihr Budget effektiv zu, um die Kampagnenleistung zu optimieren und Ergebnisse zu erzielen.

8. Überwachen und analysieren Sie die Leistung: Überwachen Sie die Leistung Ihrer

Social-Media-Marketingbemühungen mithilfe von Analysetools und Plattformeinblicken, um wichtige Kennzahlen zu verfolgen und den Erfolg zu messen. Überwachen Sie Kennzahlen wie Reichweite, Engagement, Impressionen, Klickraten, Konversionsraten und Return on Advertising Spend (ROAS), um die Wirksamkeit Ihrer Kampagnen und Inhalte zu bewerten. Nutzen Sie datengesteuerte Erkenntnisse, um Trends zu erkennen, die Leistung zu optimieren und zukünftige Strategien und Entscheidungen zu treffen.

9. Bleiben Sie auf dem Laufenden und passen Sie sich an: Die Social-Media-Landschaft entwickelt sich ständig weiter und es entstehen regelmäßig neue Funktionen, Trends und Algorithmen. Bleiben Sie über die neuesten Social-Media-Trends, Best Practices und Plattform-Updates auf dem Laufenden, um Ihre Strategie entsprechend anzupassen und neue Chancen zu nutzen. Experimentieren Sie mit neuen Inhaltsformaten, Funktionen und Strategien, um Ihre Social-Media-Präsenz für Ihr Publikum aktuell, relevant und ansprechend zu halten.

10. Bauen Sie Beziehungen zu Influencern auf: Arbeiten Sie mit Influencern, Markenbotschaftern oder Branchenexperten zusammen, um Ihre

Reichweite und Glaubwürdigkeit in den sozialen Medien zu erhöhen. Identifizieren Sie Influencer, deren Zielgruppe mit Ihrer Zielgruppe übereinstimmt, und arbeiten Sie mit ihnen bei gesponserten Inhalten, Co-Branding-Kampagnen oder gemeinsamen Werbeaktionen zusammen, um neue Zielgruppen zu erreichen, das Engagement zu steigern und die Markenbekanntheit aufzubauen.

Durch Befolgen dieser Tipps und Best Practices können Unternehmen Social-Media-Marketing nutzen, um sinnvolle Verbindungen zu ihrem Publikum aufzubauen, die Markenbekanntheit zu steigern und ihre Marketingziele in der heutigen digitalen Landschaft effektiv zu erreichen.

D. E-Mail-Marketing

E-Mail-Marketing bleibt einer der effektivsten und zuverlässigsten Kanäle, um Ihr Publikum zu erreichen und mit ihm in Kontakt zu treten, Leads zu pflegen und Conversions zu steigern. Mit der Möglichkeit, personalisierte, zielgerichtete Nachrichten direkt an die Posteingänge der Abonnenten zu senden, ermöglicht E-Mail-Marketing Unternehmen, Beziehungen aufzubauen, Produkte oder Dienstleistungen zu bewerben und gewünschte Aktionen voranzutreiben. So nutzen Sie E-Mail-Marketing effektiv:

1. Erstellen Sie Ihre E-Mail-Liste: Erstellen Sie zunächst eine hochwertige E-Mail-Liste mit Abonnenten, die sich für den Erhalt von Mitteilungen Ihrer Marke entschieden haben. Bieten Sie Anreize wie Rabatte, exklusive Inhalte oder Gratisgeschenke, um Website-Besucher, Social-Media-Follower und Kunden zu ermutigen, sich in Ihre E-Mail-Liste einzutragen. Verwenden Sie Anmeldeformulare, Pop-ups, Landingpages und Lead-Magnete, um E-Mail-Adressen zu erfassen und Ihre Liste organisch zu erweitern.
2. Segmentieren Sie Ihre Zielgruppe: Segmentieren Sie Ihre E-Mail-Liste nach demografischen, verhaltensbezogenen und psychografischen Faktoren, um gezielte und relevante Inhalte für verschiedene Segmente Ihrer Zielgruppe bereitzustellen. Teilen Sie Ihre Abonnenten anhand von Kriterien wie Standort, Interessen,

Kaufhistorie, Engagement-Level und Lebenszyklusphase in Gruppen ein, um Ihre Nachrichten und Angebote an ihre spezifischen Bedürfnisse und Vorlieben anzupassen.
3. Personalisieren Sie Ihre E-Mails: Personalisieren Sie Ihre E-Mail-Kampagnen, um sie relevanter und ansprechender für die Empfänger zu machen. Sprechen Sie Abonnenten mit Namen an, passen Sie Betreffzeilen und Inhalte basierend auf ihren Interessen oder früheren Interaktionen mit Ihrer Marke an und fügen Sie dynamisch personalisierte Produktempfehlungen, Angebote oder Inhaltsblöcke basierend auf ihren Vorlieben und ihrem Verhalten ein. Personalisierung erhöht Öffnungsraten, Klickraten und Konversionsraten durch die Bereitstellung von Inhalten, die bei den Empfängern auf persönlicher Ebene Anklang finden.
4. Erstellen Sie überzeugende Inhalte: Entwickeln Sie überzeugende und wertvolle Inhalte, die die Aufmerksamkeit der Empfänger auf sich ziehen und sie zum Handeln ermutigen. Erstellen Sie ansprechende Betreffzeilen, die

Neugier wecken und Abonnenten dazu verleiten, Ihre E-Mails zu öffnen. Erstellen Sie optisch ansprechende und gut gestaltete E-Mail-Vorlagen, die zu Ihrer Markenidentität und -botschaft passen. Fügen Sie klare und überzeugende Handlungsaufforderungen (Calls-to-Action, CTAs) ein, die die Empfänger dazu veranlassen, zu klicken, einzukaufen, sich anzumelden oder mehr zu erfahren.
5. Automatisieren Sie E-Mail-Kampagnen: Implementieren Sie E-Mail-Automatisierungsworkflows, um Ihre E-Mail-Marketingbemühungen zu optimieren und den Abonnenten in jeder Phase der Customer Journey zeitnah relevante Nachrichten zu übermitteln. Richten Sie automatisierte Willkommens-E-Mails, Erinnerungen an abgebrochene Warenkörbe, Follow-ups nach dem Kauf, Re-Engagement-Kampagnen und Geburtstags- oder Jubiläums-E-Mails ein, um Leads zu pflegen, Conversions zu steigern und Kunden effektiv zu binden. Verwenden Sie Verhaltensauslöser und

Segmentierungskriterien, um automatisierte E-Mails basierend auf bestimmten Aktionen oder Kriterien auszulösen.
6. Testen und optimieren: Testen Sie verschiedene Elemente Ihrer E-Mail-Kampagnen, wie Betreffzeilen, Absendernamen, Inhalte, CTAs und Sendezeiten, um herauszufinden, was bei Ihrer Zielgruppe am besten ankommt und die höchsten Engagement- und Konversionsraten erzielt. Führen Sie A/B-Tests oder multivariate Tests durch, um Varianten zu vergleichen und die effektivsten Strategien zur Verbesserung der Öffnungsraten, Klickraten und Konversionsraten zu ermitteln. Nutzen Sie Erkenntnisse aus Tests, um Ihre E-Mail-Kampagnen für eine bessere Leistung im Laufe der Zeit zu optimieren.
7. Überwachen Sie Leistungskennzahlen: Überwachen Sie wichtige Leistungskennzahlen und Analysen, um die Wirksamkeit und Wirkung Ihrer E-Mail-Marketingkampagnen zu verfolgen. Verfolgen Sie Kennzahlen wie Öffnungsraten, Klickraten, Konversionsraten, Abmelderaten,

Absprungraten und generierte Einnahmen, um die Kampagnenleistung zu bewerten und Verbesserungsmöglichkeiten zu identifizieren. Verwenden Sie E-Mail-Marketing-Software oder Analysetools, um Berichte zu erstellen, Trends zu analysieren und Einblicke in das Verhalten und die Vorlieben der Abonnenten zu gewinnen.

8. Stellen Sie die Einhaltung sicher: Stellen Sie die Einhaltung der E-Mail-Marketingvorschriften und Best Practices sicher, um den Ruf des Absenders, die Zustellbarkeit und das Vertrauen der Abonnenten aufrechtzuerhalten. Machen Sie sich mit Gesetzen wie dem CAN-SPAM Act (in den Vereinigten Staaten) und der DSGVO (in der Europäischen Union) vertraut und halten Sie sich beim Versenden von Marketing-E-Mails an Richtlinien zu Einwilligung, Erlaubnis, Opt-in/Opt-out-Mechanismen und Datenschutz . Holen Sie die ausdrückliche Zustimmung der Abonnenten ein, bevor Sie sie zu Ihrer E-Mail-Liste hinzufügen, und stellen Sie klare

Optionen zum Abmelden oder Verwalten von Präferenzen bereit.
9. Bieten Sie Mehrwert und Nutzen: Konzentrieren Sie sich darauf, den Abonnenten durch Ihre E-Mail-Marketingkampagnen Mehrwert und Nutzen zu bieten, indem Sie informative, lehrreiche, unterhaltsame oder werbliche Inhalte bereitstellen, die auf ihre Bedürfnisse und Interessen eingehen. Bieten Sie exklusive Rabatte, Sonderangebote, Vorschauen, Produktempfehlungen, nützliche Tipps, relevante Inhalte und wertvolle Ressourcen, die Abonnenten dazu anregen, mit Ihren E-Mails zu interagieren und in Ihrer Liste abonniert zu bleiben.
10. Kontinuierliche Verbesserung: Überwachen, analysieren und iterieren Sie Ihre E-Mail-Marketingbemühungen kontinuierlich, um die Leistung zu verbessern und im Laufe der Zeit bessere Ergebnisse zu erzielen. Überprüfen Sie regelmäßig Kampagnenkennzahlen, Kundenfeedback und Branchentrends, um Möglichkeiten für Optimierung, Innovation und Wachstum zu identifizieren.

Experimentieren Sie mit neuen Taktiken, Strategien und Technologien, um immer einen Schritt voraus zu sein und Ihre E-Mail-Marketing-Bemühungen in einer sich ständig weiterentwickelnden Landschaft aktuell, relevant und effektiv zu halten.

Durch die Befolgung dieser Strategien und Best Practices können Unternehmen die Leistungsfähigkeit des E-Mail-Marketings nutzen, um mit ihrer Zielgruppe in Kontakt zu treten, Engagement und Konversionen zu steigern und ihre Marketingziele effektiv und effizient zu erreichen. E-Mail-Marketing bleibt im heutigen digitalen Marketing-Ökosystem ein wertvolles Instrument zum Aufbau von Beziehungen, zur Pflege von Leads und zur Umsatzsteigerung.

Kapitel 7

Finanzen und Betrieb verwalten

Die Verwaltung von Finanzen und Abläufen ist für den Erfolg und die Nachhaltigkeit eines jeden Unternehmens von entscheidender Bedeutung, unabhängig von seiner Größe oder Branche. Ein effektives Finanzmanagement stellt sicher, dass Ressourcen effizient zugewiesen, Ausgaben kontrolliert und die Rentabilität maximiert werden, während sich das Betriebsmanagement auf die Rationalisierung von Prozessen, die Optimierung der Produktivität und die Schaffung von Mehrwert für die Kunden konzentriert. In diesem umfassenden Leitfaden beleuchten wir wichtige Aspekte der Finanz- und Betriebsverwaltung, einschließlich Budgetierung und Finanzplanung, Bestandsverwaltung sowie Auftragsabwicklung und Versand, um Unternehmen dabei zu helfen, ihre Ziele zu erreichen und im heutigen Wettbewerbsumfeld erfolgreich zu sein.

A. Budgetierung und Finanzplanung

Budgetierung und Finanzplanung sind grundlegende Prozesse, die es Unternehmen ermöglichen, finanzielle Ziele festzulegen, Ressourcen effektiv zuzuteilen und die Leistung anhand von Zielen zu überwachen. Durch die Erstellung eines umfassenden Budgets und Finanzplans können Unternehmen fundierte Entscheidungen treffen, Investitionen priorisieren und finanzielle Risiken mindern. So verwalten Sie Budgetierung und Finanzplanung effektiv:

1. Definieren Sie finanzielle Ziele: Definieren Sie zunächst Ihre kurzfristigen und langfristigen finanziellen Ziele. Bestimmen Sie, was Sie finanziell erreichen möchten, sei es die Steigerung des Umsatzes, die Senkung der Kosten, die Verbesserung der Rentabilität, die Ausweitung des Betriebs oder die Investition in Wachstumschancen. Richten Sie Ihre finanziellen Ziele an Ihrer gesamten Geschäftsstrategie und Vision aus, um Kohärenz und Konsistenz sicherzustellen.

2. Führen Sie eine Finanzanalyse durch: Führen Sie eine gründliche Analyse Ihrer aktuellen Finanzsituation durch, einschließlich Einnahmen, Ausgaben, Cashflow, Vermögenswerte, Verbindlichkeiten und Rentabilität. Überprüfen Sie historische Finanzdaten, Finanzberichte und Leistungskennzahlen, um Trends, Muster und Verbesserungsmöglichkeiten zu identifizieren. Nutzen Sie Finanzkennzahlen, Benchmarks und Vergleiche mit Branchenkollegen, um Ihre finanzielle Gesundheit und Leistung im Vergleich zu Branchenstandards zu beurteilen.
3. Entwickeln Sie ein Budget: Entwickeln Sie ein umfassendes Budget, das Ihre erwarteten Einnahmen, Ausgaben und Cashflows für einen bestimmten Zeitraum, normalerweise ein Geschäftsjahr oder ein Quartal, darlegt. Schätzen Sie Einnahmen auf der Grundlage von Verkaufsprognosen, Preisstrategien und Markttrends sowie ein Budget für Betriebsausgaben wie Lohn- und Gehaltsabrechnung, Miete, Nebenkosten, Lieferungen,

Marketing und Verwaltungskosten. Stellen Sie Mittel für Investitionsausgaben, Schuldenrückzahlungen, Steuern und Eventualverbindlichkeiten bereit, um unerwartete Ausgaben oder Notfälle abzudecken.
4. Ausgaben überwachen und kontrollieren: Überwachen Sie Ihre Ausgaben genau und kontrollieren Sie die Kosten, um sicherzustellen, dass sie innerhalb der budgetierten Grenzen bleiben und mit den Umsatzerwartungen übereinstimmen. Implementieren Sie kostensparende Maßnahmen, verhandeln Sie bessere Konditionen mit Lieferanten, optimieren Sie die Ressourcennutzung und eliminieren Sie unnötige oder nicht wesentliche Ausgaben, um die Rentabilität und den Cashflow zu verbessern. Überprüfen und aktualisieren Sie Ihr Budget regelmäßig, um Änderungen der Marktbedingungen, Geschäftsprioritäten und der finanziellen Leistung Rechnung zu tragen.
5. Prognostizierter Cashflow: Prognostizieren Sie Cashflow-Prognosen, um Mittelzu- und -

abflüsse zu antizipieren und ausreichend Liquidität sicherzustellen, um finanziellen Verpflichtungen nachzukommen und den Geschäftsbetrieb zu finanzieren. Schätzen Sie die Geldeingänge aus Verkäufen, Investitionen und Finanzierungsaktivitäten und planen Sie die Barauszahlungen für Ausgaben, Käufe, Schuldenrückzahlungen und Kapitalinvestitionen. Identifizieren Sie potenzielle Cashflow-Lücken oder -Engpässe und entwickeln Sie Notfallpläne, um Liquiditätsprobleme oder Finanzierungsbedarf zu bewältigen.
6. Verwalten Sie das Betriebskapital: Verwalten Sie das Betriebskapital effektiv, um die Liquidität zu optimieren, die Finanzierungskosten zu minimieren und den täglichen Betrieb zu unterstützen. Überwachen und verwalten Sie Lagerbestände, Debitoren- und Kreditorenbestände, um einen gesunden Cash-Umwandlungszyklus aufrechtzuerhalten und übermäßige Kapitalbindung oder Liquiditätsengpässe zu vermeiden. Implementieren Sie Strategien zur

Beschleunigung von Mittelzuflüssen, wie z. B. das Anbieten von Rabatten für vorzeitige Zahlungen oder die Schaffung von Anreizen für eine schnelle Rechnungsbegleichung, und optimieren Sie die Zahlungsbedingungen mit Lieferanten, um Mittelabflüsse effektiv zu verwalten.

7. Mit Bedacht investieren: Treffen Sie fundierte Investitionsentscheidungen, um Kapital strategisch zu verteilen und Renditen zu erzielen, die Ihren Geschäftszielen und Ihrer Risikotoleranz entsprechen. Bewerten Sie Investitionsmöglichkeiten wie Expansionsprojekte, Technologie-Upgrades, Akquisitionen oder Marktinvestitionen anhand ihres potenziellen ROI, ihrer Amortisationszeit und ihres Risikoprofils. Diversifizieren Sie Ihr Anlageportfolio, um Risiken zu mindern und Erträge zu maximieren, und überprüfen Sie regelmäßig die Anlageleistung, um die Wirksamkeit zu beurteilen und Strategien bei Bedarf anzupassen.

8. Holen Sie sich professionellen Rat ein: Erwägen Sie, professionellen Rat

von Finanzberatern, Buchhaltern oder Beratern mit Erfahrung in Budgetierung und Finanzplanung einzuholen. Arbeiten Sie mit Finanzexperten zusammen, um maßgeschneiderte Finanzstrategien zu entwickeln, komplexe Finanzprobleme zu analysieren und regulatorische Anforderungen oder Compliance-Herausforderungen zu meistern. Nutzen Sie ihr Fachwissen und ihre Erkenntnisse, um die finanzielle Leistung zu optimieren, Risiken zu mindern und Ihre Geschäftsziele effektiv zu erreichen.

9. Nutzen Sie Finanztools und -software: Nutzen Sie Finanztools und -software, um Budgetierungs-, Prognose- und Finanzanalyseprozesse zu optimieren und die Entscheidungsfähigkeit zu verbessern. Investieren Sie in Buchhaltungssoftware, Budgetierungstools, Finanz-Dashboards und Berichtssysteme, die Funktionen wie Echtzeit-Datensichtbarkeit, anpassbare Berichte, Szenarioanalysen und prädiktive Modellierung bieten, um die finanzielle Transparenz,

Genauigkeit und Effizienz zu verbessern.
10. Überprüfen und passen Sie regelmäßig an: Überprüfen Sie Ihr Budget und Ihren Finanzplan regelmäßig, um den Fortschritt zu verfolgen, die Leistung anhand von Zielen zu bewerten und Abweichungen von den Erwartungen zu erkennen. Führen Sie regelmäßige Budgetüberprüfungen, Abweichungsanalysen und Finanzleistungsüberprüfungen durch, um Verbesserungsmöglichkeiten zu identifizieren, Prognosen anzupassen und Strategien basierend auf sich ändernden Marktdynamiken, Geschäftsprioritäten oder Finanzzielen zu aktualisieren. Iterieren und verfeinern Sie Ihre Budgetierungs- und Finanzplanungsprozesse kontinuierlich, um sie effektiv an sich ändernde Geschäftsanforderungen und Marktbedingungen anzupassen.

Durch die Umsetzung dieser Strategien und Best Practices können Unternehmen Budgetierung und Finanzplanung effektiv verwalten, die Ressourcenzuweisung optimieren und die finanzielle Leistung und Nachhaltigkeit steigern.

B. Bestandsverwaltung

Das Bestandsmanagement ist ein entscheidender Aspekt des Betriebsmanagements und umfasst die Überwachung der Beschaffung, Lagerung, Nachverfolgung und Kontrolle des Bestands, um die Kundennachfrage effizient zu erfüllen und gleichzeitig die Kosten zu minimieren und die Rentabilität zu maximieren. Eine effektive Bestandsverwaltung stellt sicher, dass Unternehmen optimale Lagerbestände aufrechterhalten, Fehlbestände oder Überbestände vermeiden und die Auftragsabwicklungsprozesse optimieren. So verwalten Sie den Lagerbestand effektiv:

1. Führen Sie Bedarfsprognosen durch: Beginnen Sie mit der Durchführung von Bedarfsprognosen, um die Kundennachfrage zu antizipieren und optimale Lagerbestände für jede Produkt-SKU oder -Kategorie zu ermitteln. Analysieren Sie historische Verkaufsdaten, Markttrends, saisonale Muster und Kundenverhalten, um die zukünftige Nachfrage genau vorherzusagen.

Verwenden Sie Prognosemodelle wie Zeitreihenanalysen, gleitende Durchschnitte oder Regressionsanalysen, um Nachfrageschwankungen vorherzusagen und die Bestandsauffüllung entsprechend zu planen.

2. Lagerartikel klassifizieren: Lagerartikel anhand ihrer Bedarfsschwankung, ihres Wertes und ihrer Wichtigkeit klassifizieren, um Bestandsverwaltungsbemühungen zu priorisieren und Ressourcen effektiv zuzuteilen. Verwenden Sie die ABC-Analyse oder Pareto-Analyse, um Lagerartikel basierend auf ihrem Beitrag zum Umsatz, zur Rentabilität oder zum Verkaufsvolumen in die Kategorien A, B und C zu kategorisieren. Konzentrieren Sie sich darauf, Artikel mit hohem Wert oder hoher Nachfrage genauer zu verwalten, während Sie bei Artikeln mit geringem Wert oder geringer Nachfrage einen entspannteren Ansatz verfolgen.

3. Legen Sie Nachbestellpunkte und Sicherheitsbestände fest: Legen Sie Nachbestellpunkte und

Sicherheitsbestände für jeden Lagerartikel fest, um Nachschubbestellungen auszulösen und Fehlbestände zu verhindern. Bestimmen Sie den Mindestbestand, ab dem die einzelnen Artikel nachbestellt werden müssen, und berücksichtigen Sie dabei Vorlaufzeiten, Bestellmengen und Nachfrageschwankungen. Berechnen Sie Sicherheitsbestände, um Nachfrageunsicherheiten, Unterbrechungen der Lieferkette oder unerwartete Nachfrageschwankungen abzufedern und sicherzustellen, dass Sie über ausreichend Lagerbestände verfügen, um Kundenaufträge ohne Verzögerungen zu erfüllen.
4. Implementieren Sie Just-in-Time-Praktiken (JIT): Implementieren Sie Just-in-Time-Praktiken (JIT), um die Lagerhaltungskosten zu minimieren, Verschwendung zu reduzieren und die betriebliche Effizienz zu verbessern. Übernehmen Sie Lean-Prinzipien und -Praktiken wie Kanban-Systeme, Pull-basierte Nachfüllung und bedarfsgesteuerte Produktion, um die Lagerbestände mit der Kundennachfrage zu

synchronisieren und den Aufbau überschüssiger Lagerbestände zu minimieren. Arbeiten Sie eng mit Lieferanten zusammen, um zuverlässige und effiziente Lieferketten aufzubauen, die Materialien und Komponenten pünktlich und in den richtigen Mengen liefern.
5. Nutzen Sie Bestandsverwaltungssysteme: Implementieren Sie Bestandsverwaltungssysteme und -software, um die Prozesse zur Bestandsverfolgung, -kontrolle und -auffüllung zu optimieren. Investieren Sie in eine Bestandsverwaltungssoftware, die Funktionen wie Bestandstransparenz in Echtzeit, Barcode-Scannen, automatische Nachbestellungswarnungen und Tools zur Bestandsoptimierung bietet, um Genauigkeit, Effizienz und Entscheidungsfindung zu verbessern. Integrieren Sie Bestandsverwaltungssysteme mit anderen Geschäftssystemen wie Point-of-Sale-Systemen (POS), E-Commerce-Plattformen und Buchhaltungssoftware, um

Bestandsdaten zu synchronisieren und die Auftragsabwicklung und -abwicklung zu optimieren.

6. Optimieren Sie den Lagerumschlag: Konzentrieren Sie sich auf die Optimierung der Lagerumschlagsquoten, um die Lagereffizienz zu maximieren und die Lagerkosten zu minimieren. Streben Sie nach einem Gleichgewicht zwischen der Aufrechterhaltung ausreichender Lagerbestände zur Erfüllung der Kundennachfrage und der Minimierung überschüssiger Lagerbestände, die Kapital und Lagerraum binden. Analysieren Sie Lagerumschlagsraten, Tagesverkäufe des Lagerbestands (DSI) und Lageralterung, um sich langsam bewegende oder veraltete Artikel zu identifizieren, das SKU-Sortiment zu optimieren und Strategien zur Liquidation überschüssiger Lagerbestände oder zur Reduzierung der Lagerkosten umzusetzen.

7. Überwachen Sie die Lagerbestände: Überwachen Sie die Lagerbestände regelmäßig, um Lagerbestände zu verfolgen, Engpässe oder Überschüsse zu erkennen und optimale Lagerbestände aufrechtzuerhalten. Führen Sie regelmäßige physische Inventurzählungen oder Zykluszählungen durch, um die Bestandsgenauigkeit zu überprüfen und Abweichungen zwischen Bestandsaufzeichnungen und tatsächlichen

Lagerbeständen auszugleichen. Implementieren Sie Lagerbestandswarnungen und automatisierte Benachrichtigungen, um Bestandsmanager oder Einkaufsteams zu benachrichtigen, wenn Lagerbestände unter oder über vorgegebene Schwellenwerte fallen und so eine proaktive Bestandsverwaltung und -auffüllung ermöglichen.

8. Implementieren Sie Bestandskontrollmaßnahmen:
Implementieren Sie Bestandskontrollmaßnahmen und Best Practices, um Bestandsschwund, Diebstahl oder Verlust zu verhindern und die Genauigkeit und Integrität des Bestands sicherzustellen. Legen Sie strenge Richtlinien, Verfahren und Zugriffskontrollen für die Bestandskontrolle fest, um den unbefugten Zugriff auf Lagerbereiche des Bestands zu verhindern und die Überwachungskette aufrechtzuerhalten. Implementieren Sie Sicherheitsmaßnahmen wie CCTV-Überwachung, Zugangskontrollen und Bestandsprüfungen, um Diebstahl oder unbefugte Entfernung von Bestand zu verhindern und die Einhaltung der Bestandsverwaltungsrichtlinien durchzusetzen.

9. Optimieren Sie die Auftragsabwicklung: Optimieren Sie die Auftragsabwicklungsprozesse, um die Auftragsabwicklung zu beschleunigen, Durchlaufzeiten zu verkürzen und die Kundenzufriedenheit zu verbessern. Optimieren Sie Lagerlayout und -organisation, um Kommissionierungs- und Verpackungszeiten zu minimieren, Kommissionierungsrouten zu optimieren und die Lagerraumnutzung zu maximieren. Implementieren Sie effiziente Auftragsabwicklungsabläufe wie Stapelkommissionierung, Zonenkommissionierung oder Wellenkommissionierung, um die Genauigkeit und Effizienz der Bestellung zu verbessern und die mit der Auftragsabwicklung verbundenen Arbeitskosten zu senken.

10. Kontinuierliche Verbesserung: Kontinuierliche Bewertung und Verbesserung der Bestandsverwaltungsprozesse, -systeme und -leistung, um sie an sich ändernde Geschäftsanforderungen und Marktbedingungen anzupassen. Überwachen Sie wichtige Leistungsindikatoren (KPIs) wie Lagerumschlag, Lagerbestandsraten, Füllraten, Lagerkosten und Bestellzykluszeiten, um die Effektivität der

Bestandsverwaltung zu messen und Optimierungsmöglichkeiten zu identifizieren. Holen Sie Feedback von Stakeholdern, Lieferanten und Kunden ein, um Schwachstellen, Engpässe oder Ineffizienzen in den Bestandsverwaltungsprozessen zu identifizieren und Korrekturmaßnahmen oder Prozessverbesserungen umzusetzen, um die Leistung zu steigern und die betriebliche Exzellenz voranzutreiben.

Durch die Umsetzung dieser Strategien und Best Practices können Unternehmen ihre Bestandsverwaltungsprozesse optimieren, Kosten minimieren sowie die betriebliche Effizienz und Kundenzufriedenheit verbessern. Eine effektive Bestandsverwaltung ist unerlässlich, um sicherzustellen, dass Unternehmen das richtige Bestandsgleichgewicht aufrechterhalten, um die Kundennachfrage zu erfüllen und gleichzeitig die Lagerkosten zu minimieren und die Rentabilität zu maximieren.

C. Erfüllung und Versand

Auftragsabwicklung und Versand sind entscheidende Komponenten der Lieferkette, die die fristgerechte und effiziente

Bearbeitung von Kundenaufträgen, Kommissionierung, Verpackung und den Versand von Produkten an Kunden umfassen. Effektive Abwicklungs- und Versandprozesse sind für die Bereitstellung eines positiven Kundenerlebnisses, die Minimierung der Versandkosten und die Optimierung der betrieblichen Effizienz unerlässlich. So verwalten Sie Auftragsabwicklung und Versand effektiv:

1. Definieren Sie den Auftragsabwicklungsprozess:
   Definieren und dokumentieren Sie Ihren Auftragsabwicklungsprozess, um standardisierte Verfahren, Arbeitsabläufe und Verantwortlichkeiten für die Bearbeitung und Erfüllung von Kundenaufträgen festzulegen. Entwickeln Sie klare Richtlinien für Auftragseingang, Auftragsabwicklung, Kommissionierung, Verpackung, Versand und Auftragsverfolgung, um Konsistenz und Genauigkeit bei den Abwicklungsvorgängen sicherzustellen. Zeichnen Sie jeden Schritt des Fulfillment-Prozesses auf und identifizieren Sie wichtige Berührungspunkte, Stakeholder und

Leistungskennzahlen, um die Fulfillment-Leistung zu überwachen und zu messen.
2. Wählen Sie Versanddienstleister und -dienste: Wählen Sie Versanddienstleister und -dienste, die zuverlässige Lieferoptionen, wettbewerbsfähige Preise und Nachverfolgungsfunktionen bieten, um die Erwartungen und Versandanforderungen der Kunden zu erfüllen. Bewerten Sie Versanddienstleister anhand von Faktoren wie Laufzeiten, Lieferzuverlässigkeit, Versandkosten, Paketgrößen- und -gewichtsbeschränkungen, internationalen Versandmöglichkeiten und zusätzlichen Dienstleistungen wie Versicherung, Sendungsverfolgung und Retourenmanagement. Verhandeln Sie mit Spediteuren günstige Versandtarife und -konditionen basierend auf Versandvolumen, Häufigkeit und Zielabdeckung, um die Versandkosten zu minimieren und den Wert zu maximieren.
3. Verpackung optimieren: Optimieren Sie Verpackungsmaterialien, -

abmessungen und -konfigurationen, um die Versandkosten zu minimieren, Produkte während des Transports zu schützen und die Raumnutzung zu optimieren. Wählen Sie Verpackungsmaterialien, die leicht, langlebig und kostengünstig sind, z. B. Wellpappkartons, Luftpolstertaschen, Polyethylenbeutel oder gepolsterte Umschläge. Verpackungen in der richtigen Größe, um sie an die Produktabmessungen anzupassen und die von den Spediteuren erhobenen Gewichtszuschläge zu reduzieren. Nutzen Sie Verpackungsdesign und Etikettierung, um die Sichtbarkeit der Marke zu verbessern, Produktinformationen zu vermitteln und den Kunden ein positives Auspackerlebnis zu bieten.

4. Auftragsabwicklung automatisieren: Automatisieren Sie Auftragsabwicklungs- und Erfüllungsaufgaben mithilfe von Auftragsverwaltungssystemen, Lagerverwaltungssystemen (WMS) oder E-Commerce-Plattformen, um die Auftragsabwicklung zu rationalisieren, die Genauigkeit zu verbessern und die

Auftragsabwicklung zu beschleunigen. Integrieren Sie Auftragsverwaltungssysteme mit Bestandsverwaltungs-, Versand- und Zahlungsabwicklungssystemen, um die Auftragsweiterleitung, Bestandszuordnung und Versandetikettenerstellung zu automatisieren. Implementieren Sie Barcode-Scanning, RFID-Technologie oder Pick-to-Light-Systeme, um Kommissionierungs-, Verpackungs- und Versandprozesse zu automatisieren und manuelle Fehler und Ineffizienzen zu minimieren. Nutzen Sie Automatisierung und Technologie, um Lagerbestände zu synchronisieren, den Bestellstatus in Echtzeit zu verfolgen und Kunden eine genaue Auftragsverfolgung und Lieferaktualisierungen zu bieten.

5. Implementieren Sie effiziente Kommissionierungsstrategien:
Implementieren Sie effiziente Kommissionierungsstrategien und -methoden, um die Effizienz der Auftragsabwicklung zu optimieren und die Arbeitskosten zu minimieren. Wählen Sie Kommissioniermethoden wie Batch-Kommissionierung,

Zonenkommissionierung, Wellenkommissionierung oder automatisierte Kommissioniersysteme basierend auf Faktoren wie Bestellvolumen, SKU-Vielfalt und Lagerlayout. Optimieren Sie Kommissionierrouten, Ganglayouts und Lagerkonfigurationen, um die Reisezeit zu minimieren, Kommissionierungsfehler zu reduzieren und die Produktivität der Kommissionierer zu maximieren.

6. Bieten Sie mehrere Versandoptionen an: Bieten Sie Ihren Kunden mehrere Versandoptionen und Liefergeschwindigkeiten an, um ihren Vorlieben, ihrem Budget und ihrer Dringlichkeit gerecht zu werden. Bieten Sie Optionen für Standardversand, Expressversand und Expressversand mit unterschiedlichen Lieferzeiten und -kosten an, um unterschiedlichen Kundenbedürfnissen und Lieferzeiten gerecht zu werden. Arbeiten Sie mit mehreren Versanddienstleistern oder Fulfillment-Centern zusammen, um eine landesweite oder internationale Versandabdeckung anzubieten und Kunden Flexibilität und Auswahl bei den Versandmethoden zu bieten.

7. Optimieren Sie Versandprozesse: Optimieren Sie Versandprozesse und Arbeitsabläufe, um Versandabläufe zu

rationalisieren, Transitzeiten zu verkürzen und die Lieferleistung zu verbessern. Implementieren Sie effiziente Versandverfahren wie Stapelverarbeitung, Massenversand oder Streckenversand, um Bestellungen zu konsolidieren, Bearbeitungskosten zu senken und die Auftragsabwicklung zu beschleunigen. Verwenden Sie Versandsoftware oder -plattformen, um Versandkosten zu vergleichen, Versandetiketten zu drucken, Zolldokumente zu erstellen und Abholungen nahtlos mit Spediteuren zu planen.

8. Bieten Sie Auftragsverfolgung und -transparenz: Stellen Sie Kunden Tools zur Auftragsverfolgung und Sendungstransparenz zur Verfügung, mit denen sie ihre Bestellungen in Echtzeit verfolgen und den Lieferstatus sowie die geschätzten Ankunftszeiten überwachen können. Integrieren Sie Sendungsverfolgungsfunktionen in Ihre E-Commerce-Website, Bestellbestätigungs-E-Mails und Kundenportale, um Kunden während des gesamten Versandprozesses Einblick in den Status und Standort ihrer Bestellung zu geben. Aktivieren Sie proaktive Benachrichtigungen und Warnungen, um Kunden über Aktualisierungen des Bestellstatus, Lieferverzögerungen oder Lieferausnahmen

zu informieren, um die Erwartungen der Kunden zu erfüllen und die Kommunikation zu verbessern.

9. Optimieren Sie Rückgaben und Umtausch: Optimieren Sie Rückgabe- und Umtauschprozesse, um problemlose Rückgaben zu ermöglichen und die Kundenzufriedenheit zu verbessern. Implementieren Sie eine klare und transparente Rückgaberichtlinie, die die Rückgabeberechtigung, -verfahren und -fristen beschreibt, um Kunden durch den Rückgabeprozess zu führen. Stellen Sie Ihren Kunden vorab bezahlte Rücksendeetiketten, Rücksendeanweisungen und leicht verständliche Rücksendeanweisungen zur Verfügung, um den Rücksendevorgang zu vereinfachen und Wiederholungskäufe zu fördern. Automatisieren Sie die Bearbeitung von Retouren und Rückerstattungen, um die Retourenabwicklung, die Wiederauffüllung von Lagerbeständen und die Erstattungen an Kunden effizient zu beschleunigen.

10. Überwachen Sie die Leistung und verbessern Sie sie kontinuierlich: Überwachen Sie wichtige Leistungsindikatoren (KPIs) wie Auftragserfüllungszeit, Versandgenauigkeit, pünktliche Lieferraten, Versandkosten und Kundenzufriedenheitswerte, um die Erfüllung und Versandleistung effektiv zu

messen. Führen Sie regelmäßige Leistungsüberprüfungen, Post-Mortems und Kundenbefragungen durch, um Verbesserungsmöglichkeiten zu identifizieren, Schwachstellen anzugehen und Korrekturmaßnahmen zur Optimierung der Auftragsabwicklung und Versandabläufe umzusetzen. Kontinuierliche Iteration und Verbesserung von Abwicklungs- und Versandprozessen, -systemen und -abläufen, um die Effizienz zu steigern, Kosten zu senken und erstklassige Kundenerlebnisse zu bieten.

Durch die Umsetzung dieser Strategien und Best Practices können Unternehmen die Abwicklungs- und Versandabläufe optimieren, die Bestellgenauigkeit und Lieferleistung verbessern sowie die Kundenzufriedenheit und -treue steigern. Effektive Auftragsabwicklung und Versand sind wesentliche Bestandteile des Kundenerlebnisses und können die Markenwahrnehmung, die Kundenbindung und den langfristigen Erfolg in der heutigen wettbewerbsintensiven E-Commerce-Landschaft erheblich beeinflussen.

Kapitel 8

Skalieren Sie Ihr Online-Geschäft

Die Skalierung Ihres Online-Geschäfts ist für nachhaltiges Wachstum, die Erweiterung der Marktreichweite und die Maximierung der Rentabilität von entscheidender Bedeutung. Während sich Ihr Unternehmen weiterentwickelt und reift, ist es entscheidend, Wachstumschancen zu identifizieren, Abläufe zu optimieren und Ressourcen effektiv zu nutzen, um Ihr Unternehmen erfolgreich zu skalieren. In diesem umfassenden Leitfaden untersuchen wir wichtige Strategien und Best Practices für die Skalierung Ihres Online-Geschäfts, einschließlich der Identifizierung von Wachstumschancen, der Einstellung und Auslagerung von Mitarbeitern sowie der Automatisierung von Prozessen, um Ihnen bei der Bewältigung der Herausforderungen und Komplexitäten der Skalierung in der heutigen Wettbewerbslandschaft zu helfen.

A. Identifizierung von Wachstumschancen

Das Erkennen von Wachstumschancen ist der erste Schritt zur Skalierung Ihres Online-Geschäfts. Ob es darum geht, in neue Märkte zu expandieren, neue Produkte oder Dienstleistungen auf den Markt zu bringen oder bestehende Prozesse zu optimieren: Das Erkennen und Nutzen von Wachstumschancen ist für die Förderung eines nachhaltigen Geschäftswachstums von entscheidender Bedeutung. So identifizieren Sie effektiv Wachstumschancen:

1. Marktforschung: Führen Sie eine gründliche Marktforschung durch, um neue Trends, Kundenbedürfnisse und Wettbewerbsdynamik in Ihrer Branche zu identifizieren. Analysieren Sie Marktgröße, Wachstumsraten, Kundendemografie und Kaufverhalten, um unerschlossene Marktsegmente, Nischenmärkte oder unterversorgte Kundenbedürfnisse zu identifizieren, die Wachstumschancen für Ihr Unternehmen bieten.
2. Kundenfeedback: Sammeln Sie Feedback von bestehenden Kunden durch Umfragen, Interviews, Bewertungen und Social-Media-Interaktionen, um deren Vorlieben, Schwachstellen und Erwartungen

besser zu verstehen. Nutzen Sie Kundenfeedback, um Verbesserungsmöglichkeiten, Produktverbesserungen oder neue Funktionen zu identifizieren, die einen Mehrwert schaffen und die Kundenzufriedenheit und -treue steigern können.
3. Wettbewerbsanalyse: Analysieren Sie die Strategien, Produkte, Preise und Marketingtaktiken der Wettbewerber, um Lücken, Schwächen oder Chancen auf dem Markt zu identifizieren, die Ihr Unternehmen nutzen kann. Identifizieren Sie Wettbewerbsvorteile, Alleinstellungsmerkmale (USPs) oder Bereiche, in denen Sie Ihre Angebote differenzieren und die Konkurrenz übertreffen können, um Marktanteile zu gewinnen und Kunden anzulocken.
4. Branchentrends: Bleiben Sie über Branchentrends, technologische Fortschritte und Marktstörungen informiert, die sich auf Ihr Unternehmen auswirken und Wachstumschancen bieten könnten. Überwachen Sie Branchenpublikationen,

Fachzeitschriften, Blogs und Foren, um über neue Trends, Verbraucherpräferenzen, regulatorische Änderungen und Wettbewerbsentwicklungen auf dem Laufenden zu bleiben, die Ihre Geschäftsstrategie und Ihren Wachstumskurs beeinflussen könnten.

5. Produktinnovation: Investieren Sie in Produktinnovation und -entwicklung, um neue Produkte oder Dienstleistungen einzuführen, die auf sich ändernde Kundenbedürfnisse, Vorlieben oder Markttrends eingehen. Nutzen Sie Kundeneinblicke, Marktforschung und technologische Fortschritte, um Ihre Angebote zu innovieren und zu differenzieren, Produktqualität, Funktionen oder Leistung zu verbessern und der Konkurrenz einen Schritt voraus zu sein.

6. Strategische Partnerschaften: Entdecken Sie strategische Partnerschaften, Allianzen oder Kooperationen mit komplementären Unternehmen, Lieferanten, Händlern oder Technologieanbietern, um Synergien zu nutzen, neue Märkte zu erschließen oder Ihr Produktangebot

zu erweitern. Identifizieren Sie potenzielle Partner, die Ihre Werte, Zielgruppe oder strategischen Ziele teilen, und erkunden Sie für beide Seiten vorteilhafte Möglichkeiten der Zusammenarbeit oder des Co-Brandings.
7. Geografische Expansion: Erwägen Sie die Expansion in neue geografische Märkte oder Regionen, um ein breiteres Publikum zu erreichen und neue Kundensegmente oder Marktchancen zu erschließen. Bewerten Sie die Marktnachfrage, regulatorische Anforderungen, kulturelle Überlegungen und die Wettbewerbslandschaft in den Zielmärkten, um die Machbarkeit zu beurteilen und Einstiegsstrategien für die geografische Expansion zu entwickeln.
8. Diversifizierung: Diversifizieren Sie Ihre Produktangebote, Einnahmequellen oder Ihren Kundenstamm, um die Abhängigkeit von einem einzelnen Produkt oder Markt zu verringern und das Risiko auf mehrere Kanäle oder Segmente zu verteilen. Erkunden Sie Möglichkeiten zum Cross-Selling oder Upselling verwandter Produkte

oder Dienstleistungen an bestehende Kunden oder erschließen Sie angrenzende Märkte oder Branchen, die Ihr Kerngeschäft ergänzen und Wachstumschancen bieten.
9. Digitales Marketing: Investieren Sie in digitale Marketingstrategien wie Suchmaschinenoptimierung (SEO), Pay-per-Click-Werbung (PPC), Content-Marketing, Social-Media-Marketing, E-Mail-Marketing und Influencer-Partnerschaften, um die Markensichtbarkeit zu erhöhen, den Website-Traffic zu steigern usw Leads oder Verkäufe generieren. Nutzen Sie Datenanalyse- und Marketingautomatisierungstools, um die Marketingleistung zu verfolgen, Kampagnen zu optimieren und Ressourcen effektiv den Kanälen zuzuweisen, die den höchsten ROI liefern.
10. Kundenbindung: Konzentrieren Sie sich auf Kundenbindungsstrategien wie Treueprogramme, personalisierte Erlebnisse, exzellenten Kundenservice und Engagement nach dem Kauf, um langfristige Beziehungen zu bestehenden Kunden aufzubauen und den Customer Lifetime Value (CLV) zu

maximieren. Investieren Sie in Customer-Relationship-Management-Systeme (CRM), Kundenfeedback-Mechanismen und eine Kundensupport-Infrastruktur, um außergewöhnliche Kundenerlebnisse zu bieten und die Loyalität und Interessenvertretung der Kunden zu fördern.

Durch die effektive Identifizierung und Nutzung von Wachstumschancen können Unternehmen den Grundstein für nachhaltiges Wachstum und Expansion legen und gleichzeitig Risiken mindern und die Kapitalrendite maximieren.

B. Einstellung und Outsourcing

Personalbeschaffung und Outsourcing sind wesentliche Strategien für die Skalierung Ihres Online-Geschäfts, indem Sie auf spezielles Fachwissen zugreifen, Kapazitäten erweitern und nicht zum Kerngeschäft gehörende Funktionen delegieren, um sich auf strategische Prioritäten zu konzentrieren. Ganz gleich, ob es um die Einstellung von Vollzeitmitarbeitern, Freiberuflern oder Auftragnehmern oder die Auslagerung bestimmter Aufgaben oder Funktionen geht, die strategische Talentakquise und Ressourcenzuweisung sind für die Unterstützung des Unternehmenswachstums von entscheidender Bedeutung. So gehen Sie Personalbeschaffung und Outsourcing effektiv an:

1. Bewerten Sie den organisatorischen Bedarf: Bewerten Sie Ihre aktuelle Organisationsstruktur, Ihre Fähigkeiten und Ihren Ressourcenbedarf, um Lücken, Engpässe oder Bereiche zu identifizieren, in denen zusätzliche Talente oder Fachkenntnisse erforderlich sind, um das Geschäftswachstum und die Skalierbarkeit zu unterstützen. Bestimmen Sie, welche Funktionen oder Rollen für Ihren Geschäftsbetrieb von entscheidender Bedeutung sind und welche ausgelagert oder automatisiert werden können, um Prozesse zu optimieren und interne Ressourcen freizusetzen.
2. Definieren Sie Rollen und Verantwortlichkeiten: Definieren Sie klar Rollen, Verantwortlichkeiten und Erwartungen für jede Position oder Funktion in Ihrem Unternehmen,

um die Übereinstimmung mit den Geschäftszielen, Werten und der Kultur sicherzustellen. Entwickeln Sie Stellenbeschreibungen, Leistungskennzahlen und Erfolgskriterien, um Erwartungen zu kommunizieren und Kandidaten während des Einstellungsprozesses effektiv zu bewerten.
3. Rekrutieren Sie Top-Talente: Investieren Sie in Rekrutierungsstrategien und Prozesse zur Talentakquise, um Top-Talente anzuziehen, zu identifizieren und zu rekrutieren, die Ihren Geschäftsanforderungen, Werten und Ihrer Kultur entsprechen. Nutzen Sie mehrere Rekrutierungskanäle wie Jobbörsen, soziale Medien, berufliche Netzwerke und Personalvermittlungsagenturen, um einen vielfältigen Kandidatenpool zu erreichen und Kandidaten mit den von Ihnen gesuchten Fähigkeiten, Erfahrungen und Eigenschaften anzuziehen.
4. Bieten Sie eine wettbewerbsfähige Vergütung: Bieten Sie wettbewerbsfähige Vergütungspakete an, einschließlich Gehalt, Zusatzleistungen, Anreize

und Vergünstigungen, um Top-Talente auf einem wettbewerbsintensiven Arbeitsmarkt anzuziehen und zu halten. Vergleichen Sie Ihre Vergütungspakete mit Branchenstandards und Wettbewerbsangeboten, um sicherzustellen, dass Ihre Vergütungspakete wettbewerbsfähig sind und auf Markttrends und Kandidatenerwartungen abgestimmt sind.
5. Bereitstellung von Schulungen und Entwicklung: Investieren Sie in Schulungs-, Entwicklungs- und Onboarding-Programme, um das Wachstum und die Entwicklung Ihrer Mitarbeiter zu unterstützen und sie mit den Fähigkeiten, Kenntnissen und Ressourcen auszustatten, die sie benötigen, um in ihren Rollen hervorragende Leistungen zu erbringen und zum Geschäftserfolg beizutragen. Bieten Sie Orientierungssitzungen, Schulungen am Arbeitsplatz, Mentorenprogramme und Möglichkeiten für kontinuierliches Lernen und berufliche Weiterentwicklung an, um Ihren

Mitarbeitern die Möglichkeit zu geben, in einem dynamischen Geschäftsumfeld zu wachsen, sich anzupassen und zu gedeihen. Bieten Sie Zugang zu Online-Kursen, Workshops, Zertifizierungen und Kompetenzentwicklungsprogrammen, um die Fähigkeiten Ihrer Mitarbeiter zu verbessern und die Leistungsverbesserung voranzutreiben.

6. Fördern Sie eine positive Arbeitskultur: Pflegen Sie eine positive Arbeitskultur, die Transparenz, Zusammenarbeit, Innovation und Mitarbeiterengagement fördert, um Top-Talente anzuziehen und zu halten und eine produktive und motivierte Belegschaft zu fördern. Schaffen Sie ein unterstützendes Arbeitsumfeld, in dem sich die Mitarbeiter wertgeschätzt und geschätzt fühlen und die Möglichkeit haben, ihre Ideen einzubringen, Feedback zu geben und Verantwortung für ihre Arbeit zu übernehmen. Fördern Sie eine offene Kommunikation, würdigen und belohnen Sie Erfolge und feiern Sie Erfolge, um das Zugehörigkeitsgefühl und den Stolz der Mitarbeiter zu fördern.

7. Nutzen Sie Freiberufler und Auftragnehmer: Nutzen Sie Freiberufler, Auftragnehmer oder Gig-Worker, um Ihr

internes Team zu verstärken und auf Projektbasis auf spezielle Fähigkeiten, Fachwissen oder Ressourcen zuzugreifen. Nutzen Sie Online-Plattformen, Freiberufler-Marktplätze und Talentnetzwerke, um Freiberufler oder Auftragnehmer mit den Fähigkeiten und Erfahrungen zu finden, die Sie für bestimmte Projekte oder Aufgaben benötigen. Setzen Sie Freiberufler strategisch ein, um befristete oder saisonale Stellen zu besetzen, kurzfristige Projekte in Angriff zu nehmen oder Qualifikationslücken zu schließen, ohne sich auf langfristige Arbeitsverträge festzulegen.

8. Nicht zum Kerngeschäft gehörende Funktionen auslagern: Identifizieren Sie nicht zum Kerngeschäft gehörende Funktionen oder Aufgaben, die an Drittanbieter oder Agenturen ausgelagert werden können, um Abläufe zu rationalisieren, Kosten zu senken und interne Ressourcen auf Kerngeschäftsaktivitäten zu konzentrieren. Lagern Sie Funktionen wie Kundensupport, IT-Services, Buchhaltung, Gehaltsabrechnung, Marketing oder Logistik an spezialisierte Anbieter oder Agenturen aus, die in diesen Bereichen kostengünstige Lösungen und Fachwissen liefern können. Bewerten Sie Outsourcing-Partner anhand ihrer Erfolgsbilanz, Fähigkeiten,

Skalierbarkeit und Übereinstimmung mit Ihren Geschäftszielen und -werten.

9. Bauen Sie Remote-Teams auf: Nutzen Sie Remote-Arbeit und virtuelle Zusammenarbeit, um über geografische Grenzen hinweg auf Talentpools zuzugreifen und ein verteiltes Team aus Remote-Mitarbeitern, Freiberuflern oder Auftragnehmern aufzubauen. Nutzen Sie Kommunikations- und Kollaborationstools wie Videokonferenzen, Projektmanagementsoftware und cloudbasierte Produktivitätstools, um Remote-Arbeit zu erleichtern und eine nahtlose Zusammenarbeit zwischen Teammitgliedern unabhängig vom Standort zu fördern. Implementieren Sie Richtlinien, Leitlinien und Leistungsmetriken für die Remote-Arbeit, um Remote-Teams zu unterstützen und Produktivität, Verantwortlichkeit und Engagement sicherzustellen.

10. Überwachen Sie Leistung und Feedback: Überwachen Sie die Leistung, Zufriedenheit und das Feedback Ihrer Mitarbeiter regelmäßig, um die Wirksamkeit Ihrer Einstellungs- und Outsourcing-Strategien zu bewerten und Bereiche für Verbesserungen oder Anpassungen zu identifizieren. Führen Sie Leistungsüberprüfungen, Check-ins und

Mitarbeiterbefragungen durch, um Feedback zu sammeln, auf Bedenken einzugehen und datengesteuerte Entscheidungen zu treffen, um Strategien zur Talentakquise, -bindung und -bindung zu optimieren. Nutzen Sie Leistungskennzahlen, KPIs und Mitarbeiterzufriedenheitswerte, um die Auswirkungen von Einstellungs- und Outsourcing-Initiativen auf die Geschäftsergebnisse zu bewerten und Strategien nach Bedarf anzupassen, um das Geschäftswachstum und die Skalierbarkeit zu unterstützen.

Durch die Einführung strategischer Einstellungs- und Outsourcing-Praktiken können Unternehmen auf die Talente, das Fachwissen und die Ressourcen zugreifen, die zur effektiven Unterstützung von Wachstum und Skalierbarkeit erforderlich sind. Ganz gleich, ob es darum geht, ein leistungsstarkes internes Team aufzubauen, Freiberufler und Auftragnehmer einzusetzen oder nicht zum Kerngeschäft gehörende Funktionen auszulagern, die strategische Talentakquise und Ressourcenzuweisung sind entscheidend für die erfolgreiche Skalierung Ihres Online-Geschäfts.

C. Prozesse automatisieren

Die Automatisierung von Prozessen ist für die Skalierung Ihres Online-Geschäfts von entscheidender Bedeutung, da sie die Effizienz steigert, den manuellen Arbeitsaufwand reduziert und die Ressourcenzuteilung optimiert. Durch die Automatisierung sich wiederholender Aufgaben, Arbeitsabläufe und Geschäftsprozesse können Unternehmen Abläufe rationalisieren, die Produktivität verbessern und sich auf strategische Prioritäten konzentrieren, die Wachstum und Innovation vorantreiben. So automatisieren Sie Prozesse effektiv:

1. Identifizieren Sie Automatisierungsmöglichkeiten: Identifizieren Sie manuelle, sich wiederholende oder zeitaufwändige Aufgaben, Arbeitsabläufe oder Prozesse in Ihrem Unternehmen, die automatisiert werden können, um Abläufe zu rationalisieren und die Effizienz zu verbessern. Bewerten Sie Prozesse wie Dateneingabe, Auftragsabwicklung, Bestandsverwaltung, Kundensupport, Marketingkampagnen und Berichterstellung auf

Automatisierungsmöglichkeiten, bei denen Technologie menschliches Eingreifen ersetzen oder ergänzen kann.
2. Nutzen Sie Technologielösungen: Investieren Sie in Technologielösungen, Softwaretools und Automatisierungsplattformen, die Arbeitsabläufe automatisieren, Prozesse rationalisieren und in bestehende Systeme und Anwendungen integrieren. Wählen Sie Automatisierungstools und Software, die Ihren Geschäftsanforderungen, Skalierbarkeitsanforderungen und Budgetbeschränkungen entsprechen. Suchen Sie nach Funktionen wie Workflow-Automatisierung, Aufgabenplanung, Prozessorchestrierung und Integrationsfunktionen, um End-to-End-Prozesse nahtlos zu automatisieren.
3. Implementieren Sie Workflow-Automatisierung: Implementieren Sie Workflow-Automatisierungslösungen, um Geschäftsprozesse zu rationalisieren, Engpässe zu beseitigen und Arbeitsabläufe abteilungs- oder

funktionsübergreifend zu standardisieren. Verwenden Sie Workflow-Automatisierungssoftware oder BPM-Plattformen (Business Process Management), um Workflows für Aufgaben wie Genehmigungen, Benachrichtigungen, Eskalationen und Aufgabenzuweisungen zu entwerfen, zu automatisieren und zu optimieren. Automatisieren Sie sich wiederholende Aufgaben, Auslöser und Entscheidungspunkte, um manuelle Eingriffe zu reduzieren und Konsistenz und Effizienz bei der Prozessausführung sicherzustellen.

4. Integrieren Sie Systeme und Anwendungen: Integrieren Sie unterschiedliche Systeme, Anwendungen und Datenquellen in Ihrem Unternehmen, um einen nahtlosen Datenaustausch, Zusammenarbeit und Automatisierung über Abteilungen oder Funktionen hinweg zu ermöglichen. Verwenden Sie Anwendungsprogrammierschnittstellen (APIs), Middleware oder Integrationsplattformen, um cloudbasierte und lokale Systeme, ERP-Systeme, CRM-Plattformen, E-

Commerce-Plattformen und Anwendungen von Drittanbietern zu verbinden und so die Datensynchronisierung, Datenmigration und das Geschäft zu automatisieren Prozessintegration.

5. Einführung von Robotic Process Automation (RPA): Erwägen Sie die Einführung von Robotic Process Automation (RPA)-Technologie, um regelbasierte, sich wiederholende Aufgaben und Prozesse mithilfe von Softwarerobotern oder Bots zu automatisieren. Setzen Sie RPA-Bots ein, um Aufgaben wie Dateneingabe, Datenvalidierung, Formularverarbeitung, Berichtserstellung und Rechnungsverarbeitung schnell, genau und zuverlässig auszuführen. Verwenden Sie RPA-Tools und -Plattformen, um Bots mit minimalen Codierungs- oder Programmierkenntnissen zu erstellen, bereitzustellen und zu verwalten und erhebliche Zeit- und Kosteneinsparungen zu erzielen.

6. Implementieren Sie Chatbots und KI-Assistenten: Implementieren Sie Chatbots und Assistenten mit künstlicher Intelligenz (KI), um

Kundeninteraktionen, Supportanfragen und Routineaufgaben über Konversationsschnittstellen wie Chat-, Sprach- oder Messaging-Plattformen zu automatisieren. Setzen Sie Chatbots für Funktionen wie Kundensupport, Verkaufsunterstützung, Auftragsverfolgung, Terminplanung und FAQ-Antworten ein, um sofortigen, personalisierten Kundenservice rund um die Uhr zu bieten und gleichzeitig die Arbeitsbelastung menschlicher Agenten zu reduzieren.

7. Optimieren Sie E-Commerce-Abläufe: Optimieren Sie E-Commerce-Abläufe und Auftragsabwicklungsprozesse durch die Automatisierung wichtiger Aufgaben wie Auftragsabwicklung, Bestandsverwaltung, Versand und Retourenabwicklung. Integrieren Sie E-Commerce-Plattformen mit Bestandsverwaltungssystemen, Auftragsverwaltungssystemen und Versanddienstleistern, um die Auftragsweiterleitung, Bestandssynchronisierung und Versandetikettenerstellung zu

automatisieren. Implementieren Sie regelbasierte Automatisierung, um Auftragsabwicklung, Erfüllung und Kundenkommunikation effizient zu verwalten.
8. Nutzen Sie Marketingautomatisierung: Nutzen Sie Marketingautomatisierungstools und -plattformen, um Marketingkampagnen, Lead-Nurturing und Kundenbindung über mehrere Kanäle wie E-Mail, soziale Medien und digitale Werbung zu automatisieren. Verwenden Sie Marketing-Automatisierungssoftware, um Marketingkampagnen zu erstellen, zu planen und zu personalisieren, Zielgruppen zu segmentieren, Kundeninteraktionen zu verfolgen und die Kampagnenleistung zu messen. Implementieren Sie automatisierte Workflows für Lead-Scoring, Lead-Nurturing und automatisierte E-Mail-Sequenzen, um Marketingabläufe zu optimieren und Engagement und Conversions zu steigern.
9. Überwachen und optimieren Sie die Automatisierung: Überwachen Sie regelmäßig die Leistung und

Effektivität automatisierter Prozesse und Arbeitsabläufe, um Bereiche für Optimierung, Verfeinerung oder Anpassung zu identifizieren. Verfolgen Sie wichtige Leistungsindikatoren (KPIs), Metriken und Automatisierungsanalysen, um die Auswirkungen von Automatisierungsinitiativen auf Geschäftsergebnisse wie Produktivitätssteigerungen, Kosteneinsparungen und Kundenzufriedenheit zu messen. Kontinuierliche Iteration, Optimierung und Feinabstimmung automatisierter Prozesse auf der Grundlage von Feedback, Erkenntnissen und sich entwickelnden Geschäftsanforderungen, um den ROI zu maximieren und die gewünschten Ergebnisse zu erzielen.

10. Sorgen Sie für Datensicherheit und Compliance: Sorgen Sie für Datensicherheit, Datenschutz und Compliance bei der Automatisierung von Prozessen, indem Sie robuste Sicherheitsmaßnahmen, Zugriffskontrollen und Datenverschlüsselungsmechanismen

implementieren, um sensible Informationen zu schützen und unbefugten Zugriff oder Datenschutzverletzungen zu verhindern. Implementieren Sie Daten-Governance-Richtlinien, Datenaufbewahrungsrichtlinien und Datenzugriffskontrollen, um die Einhaltung gesetzlicher Anforderungen, Industriestandards und Datenschutzbestimmungen wie DSGVO, CCPA oder HIPAA sicherzustellen. Führen Sie regelmäßige Audits, Schwachstellenbewertungen und Sicherheitstests durch, um Sicherheitslücken oder -risiken in automatisierten Prozessen und Systemen zu identifizieren und zu beheben. Arbeiten Sie mit IT-Sicherheitsexperten, Compliance-Beauftragten und Rechtsberatern zusammen, um sicherzustellen, dass automatisierte Prozesse den Datensicherheits- und Compliance-Standards entsprechen und Risiken effektiv mindern.

11. Bieten Sie Schulungen und Support an: Stellen Sie Mitarbeitern Schulungen, Ressourcen und Support zur Verfügung, um ihnen zu helfen, sich an

Automatisierungstechnologien anzupassen, neue Fähigkeiten zu erlernen und automatisierte Prozesse effektiv zu nutzen. Bieten Sie Schulungsprogramme, Workshops und Tutorials an, um Ihre Mitarbeiter im Umgang mit Automatisierungstools, Softwareplattformen oder Robotersystemen zu schulen, und bieten Sie praktische Erfahrungen und Übungsmöglichkeiten, um Selbstvertrauen und Kompetenz aufzubauen. Richten Sie Helpdesk-Support, Benutzerhandbücher und Ressourcen zur Fehlerbehebung ein, um Mitarbeiter bei Fragen, Problemen oder Herausforderungen im Zusammenhang mit der Einführung und Nutzung der Automatisierung zu unterstützen.

12. Fördern Sie eine Kultur der Innovation: Fördern Sie eine Kultur der Innovation, kontinuierlichen Verbesserung und des Experimentierens, um Mitarbeiter zu ermutigen, neue Technologien, Tools und Automatisierungsmöglichkeiten zu erkunden, die das Geschäftswachstum und die Effizienz vorantreiben können. Fördern Sie die funktionsübergreifende Zusammenarbeit, den Ideenaustausch und den Wissensaustausch zwischen Teams, um Automatisierungsmöglichkeiten zu identifizieren, Best Practices auszutauschen und Innovationen im gesamten Unternehmen

voranzutreiben. Anerkennung und Belohnung von Mitarbeitern für ihre Beiträge zu Prozessverbesserungen, Automatisierungsinitiativen und Innovationsbemühungen zur Stärkung einer Kultur der Innovation und Exzellenz.

Durch die effektive Automatisierung von Prozessen können Unternehmen Abläufe rationalisieren, die Effizienz verbessern und ihre Abläufe skalieren, um das Geschäftswachstum und die Expansion zu unterstützen. Ganz gleich, ob es darum geht, Routineaufgaben zu automatisieren, Arbeitsabläufe zu optimieren oder fortschrittliche Technologien wie RPA oder KI zu nutzen: Automatisierung ermöglicht es Unternehmen, effizienter zu arbeiten, Kosten zu senken und sich auf strategische Initiativen zu konzentrieren, die langfristigen Erfolg und Wettbewerbsfähigkeit fördern.

Zusammenfassend lässt sich sagen, dass die Skalierung Ihres Online-Geschäfts einen strategischen Ansatz zur Identifizierung von Wachstumschancen, zur effektiven Nutzung von Talenten und Ressourcen und zur Optimierung von Abläufen durch Automatisierung und Innovation erfordert. Durch einen ganzheitlichen Skalierungsansatz können sich Unternehmen für nachhaltiges Wachstum positionieren, ihre Wettbewerbsfähigkeit steigern und in der heutigen dynamischen und sich schnell entwickelnden Geschäftslandschaft langfristigen Erfolg erzielen. Durch strategische Planung, effektive Umsetzung und kontinuierliche Verbesserung können Unternehmen die Herausforderungen der Skalierung meistern und ihr volles Potenzial für Wachstum und Rentabilität im digitalen Zeitalter ausschöpfen.

Kapitel 9

Umgang mit Herausforderungen und Risiken

In der sich ständig weiterentwickelnden Geschäftslandschaft sind Herausforderungen und Risiken unvermeidlich. Wie ein Unternehmen diese Hindernisse überwindet, entscheidet oft über seinen langfristigen Erfolg und seine Nachhaltigkeit. Vom harten Wettbewerb bis hin zu finanziellen Hürden und der heiklen Balance bei der Verwaltung des Kundenservice müssen Unternehmen diese Herausforderungen proaktiv angehen, um erfolgreich zu sein. In diesem umfassenden Leitfaden untersuchen wir Strategien für den Umgang mit Herausforderungen und Risiken und konzentrieren uns dabei auf den Umgang mit der Konkurrenz, die Verwaltung des Kundenservice und die Überwindung finanzieller Hürden.

A. Umgang mit Wettbewerb

Wettbewerb ist ein fester Bestandteil der Geschäftswelt. Unabhängig davon, ob Sie ein Neuling oder ein etablierter Akteur in Ihrer Branche sind: Um sich im Wettbewerb zurechtzufinden, sind strategisches Denken, Belastbarkeit und Anpassungsfähigkeit erforderlich. So gehen Sie effektiv mit der Konkurrenz um:

1. **Kennen Sie Ihre Konkurrenz:** Führen Sie gründliche Recherchen durch, um die Stärken, Schwächen, Strategien und Marktpositionierung Ihrer Konkurrenten zu verstehen. Analysieren Sie ihre Produkte, Preise, Marketingtaktiken und ihren Kundenstamm, um Bereiche der Differenzierung und des Wettbewerbsvorteils zu identifizieren.
2. **Konzentrieren Sie sich auf Ihr einzigartiges Wertversprechen (UVP):** Definieren und kommunizieren Sie Ihr einzigartiges Wertversprechen (UVP), um Ihre Marke und Ihr Angebot von der Konkurrenz abzuheben. Heben Sie hervor, was Sie auszeichnet, sei es durch hervorragende Produktqualität,

außergewöhnlichen Kundenservice, innovative Funktionen oder wettbewerbsfähige Preise.
3. **Ständige Verbesserung:** Nutzen Sie eine Kultur der kontinuierlichen Verbesserung, um der Konkurrenz einen Schritt voraus zu sein. Investieren Sie in Forschung und Entwicklung, Innovation und Produktverbesserung, um Mehrwertlösungen zu liefern, die auf sich ändernde Kundenbedürfnisse und Markttrends eingehen.
4. **Bauen Sie starke Kundenbeziehungen auf:** Konzentrieren Sie sich auf den Aufbau starker, langfristiger Beziehungen zu Ihren Kunden, um die Loyalität zu fördern und die Anfälligkeit für Konkurrenz zu verringern. Bieten Sie außergewöhnliche Kundenerlebnisse, personalisierten Service und proaktiven Support, um Kunden zu begeistern und ihr Vertrauen und ihre Loyalität zu gewinnen.
5. **Überwachen und anpassen:** Bleiben Sie wachsam und beobachten Sie die Wettbewerbsdynamik, Markttrends und Kundenpräferenzen, um Ihre Strategien und Taktiken entsprechend

anzupassen. Behalten Sie die Bewegungen der Wettbewerber, neue Marktteilnehmer und aufkommende Trends genau im Auge, um Bedrohungen und Chancen vorherzusehen und Ihren Ansatz proaktiv anzupassen.
6. **Zusammenarbeiten und Netzwerken:** Entdecken Sie Möglichkeiten für Zusammenarbeit, Partnerschaften oder Allianzen mit komplementären Unternehmen, Lieferanten oder Branchenkollegen, um Synergien zu nutzen und Ihre Reichweite zu vergrößern. Arbeiten Sie an Joint Ventures, Co-Marketing-Kampagnen oder Co-Branding-Initiativen zusammen, um Ihre Markenpräsenz zu stärken und neue Märkte oder Kundensegmente zu erschließen.
7. **Differenzieren Sie sich durch Innovation:** Erneuern und differenzieren Sie Ihre Angebote, um der Konkurrenz einen Schritt voraus zu sein und sich einen Wettbewerbsvorteil zu sichern. Investieren Sie in Forschung, Entwicklung und Technologie, um neue Produkte, Funktionen oder Dienstleistungen zu entwickeln, die

unerfüllte Kundenbedürfnisse erfüllen oder bestehende Marktnormen stören.
8. **Agilität und Flexibilität:** Kultivieren Sie Agilität und Flexibilität, um schnell auf sich ändernde Marktbedingungen, Kundenfeedback und Wettbewerbsbedrohungen zu reagieren. Seien Sie bereit, neue Strategien, Taktiken oder Geschäftsmodelle zu ändern, zu iterieren und damit zu experimentieren, um sich an die sich entwickelnde Dynamik anzupassen und sich bietende Chancen zu nutzen.
9. **Fokus auf Kundennutzen:** Priorisieren Sie vor allem die Bereitstellung von Mehrwert für Ihre Kunden. Konzentrieren Sie sich darauf, Kundenprobleme zu lösen, außergewöhnliche Erlebnisse zu bieten und Erwartungen zu übertreffen, um die Loyalität und Fürsprache der Kunden zu gewinnen, unabhängig vom Wettbewerbsdruck.
10. **Behalten Sie eine langfristige Perspektive bei:** Behalten Sie eine langfristige Perspektive und lassen Sie sich nicht von kurzfristigen Konkurrenzkämpfen oder

Preiskämpfen ablenken. Konzentrieren Sie sich auf den Aufbau nachhaltiger Wettbewerbsvorteile, die Pflege von Kundenbeziehungen und die Schaffung langfristiger Werte, um Ihre Wettbewerbsposition und Widerstandsfähigkeit langfristig aufrechtzuerhalten.

Durch die Übernahme dieser Strategien und die Beibehaltung eines proaktiven, kundenorientierten Ansatzes können Unternehmen die Herausforderungen des Wettbewerbs effektiv meistern und sich für langfristigen Erfolg und Wachstum positionieren.

B. Verwaltung des Kundendienstes

Der Kundenservice ist ein Eckpfeiler des Geschäftserfolgs und beeinflusst die Zufriedenheit, Loyalität und Interessenvertretung der Kunden. Die effektive Verwaltung des Kundenservice erfordert eine Kombination aus Einfühlungsvermögen, Reaktionsfähigkeit und Effizienz. Hier erfahren Sie, wie Sie den Kundenservice hervorragend verwalten:

1. **Kundenbedürfnisse verstehen:** Nehmen Sie sich die Zeit, die Bedürfnisse, Vorlieben und Schwachstellen Ihrer Kunden zu verstehen. Hören Sie auf ihr Feedback, führen Sie Umfragen durch und analysieren Sie Kundeninteraktionen, um Einblicke in ihre Erwartungen und Erfahrungen zu gewinnen.
2. **Geben Sie zeitnahe Antworten:** Reagieren Sie umgehend und höflich auf Kundenanfragen, Wünsche und Beschwerden. Ziel ist es, die Probleme und Bedenken der Kunden rechtzeitig anzugehen, um Reaktionsfähigkeit und Engagement für die Kundenzufriedenheit zu demonstrieren.
3. **Stärken Sie Ihr Team:** Statten Sie Ihr Kundenservice-Team mit der Autorität, den Ressourcen und der Schulung aus, die es braucht, um Kundenprobleme effektiv zu lösen. Bieten Sie fortlaufende Schulungen, Coachings und Unterstützung an, um sie mit den Fähigkeiten und dem Wissen auszustatten, die sie benötigen, um außergewöhnliche Serviceerlebnisse zu bieten.

4. **Interaktionen personalisieren:** Personalisieren Sie Kundeninteraktionen und -kommunikation, um den Kunden das Gefühl zu geben, wertgeschätzt und geschätzt zu werden. Nutzen Sie Kundendaten, Kaufhistorie und Präferenzen, um Ihre Interaktionen und Empfehlungen an die individuellen Bedürfnisse und Vorlieben jedes Kunden anzupassen.
5. **Sei proaktiv:** Erkennen Sie Kundenbedürfnisse und gehen Sie proaktiv auf potenzielle Probleme oder Bedenken ein, bevor diese eskalieren. Überwachen Sie Kundenfeedback, Erwähnungen in sozialen Medien und Stimmungsanalysen, um aufkommende Trends oder Muster zu erkennen und proaktive Maßnahmen zu deren Bewältigung zu ergreifen.
6. **Schaffen Sie nahtlose Omnichannel-Erlebnisse:** Bieten Sie nahtlose Omnichannel-Erlebnisse über mehrere Touchpoints und Kanäle hinweg, einschließlich Telefon, E-Mail, Chat, soziale Medien und persönliche Interaktionen. Sorgen Sie für Konsistenz und Kontinuität bei der

Servicebereitstellung und Kommunikation, unabhängig vom verwendeten Kanal oder der verwendeten Plattform.

7. **Suchen Sie nach Feedback und kontinuierlicher Verbesserung:** Holen Sie regelmäßig Feedback von Kunden ein, um die Zufriedenheit zu messen, Verbesserungsmöglichkeiten zu identifizieren und die Servicequalität zu messen. Nutzen Sie Kundenfeedback-Umfragen, Net Promoter Score (NPS)-Umfragen oder Kundenzufriedenheitsumfragen (CSAT), um Erkenntnisse zu sammeln und Verbesserungen zu priorisieren.

8. **Lösen Sie Probleme mit Empathie und Verantwortungsbewusstsein:** Behandeln Sie Kundenbeschwerden und -probleme mit Einfühlungsvermögen, Professionalität und Verantwortungsbewusstsein. Entschuldigen Sie sich aufrichtig für etwaige Unannehmlichkeiten oder Unzufriedenheiten, übernehmen Sie die Verantwortung für das Problem und arbeiten Sie daran, es zur Zufriedenheit des Kunden zu lösen.

9. **Ermöglichen Sie Self-Service-Optionen:** Bieten Sie Self-Service-Optionen und -Ressourcen wie FAQs, Wissensdatenbanken, Tutorials und Online-Chatbots an, um Kunden die Möglichkeit zu geben, Antworten auf ihre Fragen zu finden oder Probleme selbstständig zu lösen. Investieren Sie in benutzerfreundliche Schnittstellen und intuitive Navigation, um Self-Service-Optionen für Kunden leicht zugänglich und effektiv zu machen.

10. **Leistungskennzahlen messen:** Verfolgen und messen Sie wichtige Leistungskennzahlen im Zusammenhang mit dem Kundenservice, wie z. B. Reaktionszeit, Lösungszeit, Kundenzufriedenheitswerte und Lösungsraten beim ersten Kontakt. Nutzen Sie Daten und Analysen, um Trends, Muster und Verbesserungsmöglichkeiten im Kundenservice zu identifizieren.

11. **Implementieren Sie eine kundenorientierte Kultur:** Fördern Sie eine kundenorientierte Kultur in Ihrem Unternehmen, indem Sie die Bedeutung der Kundenzufriedenheit und -fürsprache auf allen Ebenen und in allen Abteilungen betonen. Ermutigen Sie Ihre Mitarbeiter, die Kundenbedürfnisse zu priorisieren und proaktiv nach Möglichkeiten zu suchen, das Kundenerlebnis zu verbessern.

12. **Investieren Sie in Technologie:** Nutzen Sie Technologielösungen wie CRM-Systeme (Customer Relationship Management), Helpdesk-Software, Ticketing-Systeme und Chatbot-Plattformen, um den Kundenservice zu optimieren, sich wiederholende Aufgaben zu automatisieren und die Effizienz und Effektivität der Servicebereitstellung zu verbessern.

13. **Bieten Sie Prämien und Anreize an:** Erkennen und belohnen Sie herausragende Leistungen und Erfolge im Kundenservice, um Anreize und Motivation für Mitarbeiter zu schaffen, außergewöhnliche Serviceerlebnisse zu bieten. Implementieren Sie Prämienprogramme, Boni oder Anreize basierend auf Kundenfeedback, Zufriedenheitswerten oder Service-Exzellenz-Kennzahlen.

14. **Kontinuierliche Innovation:** Schaffen Sie Innovationen und erkunden Sie neue Wege, um das Kundenserviceerlebnis zu verbessern und Ihre Marke zu differenzieren. Bleiben Sie über neue Trends, Technologien und Best Practices im Kundenservicemanagement auf dem Laufenden und seien Sie offen für das Experimentieren mit neuen Ansätzen und Strategien, um immer einen Schritt voraus zu sein.

15. Überwachen Sie die Praktiken der Wettbewerber: Behalten Sie die Kundendienstpraktiken, Initiativen und Innovationen der Wettbewerber im Auge, um Ihre Leistung zu bewerten und Bereiche für Differenzierung oder Verbesserung zu identifizieren. Lernen Sie von Branchenführern und Pionieren im Bereich Kundenservice und passen Sie deren Strategien an Ihren Geschäftskontext und Ihre Ziele an.

Durch die Umsetzung dieser Strategien und Best Practices können Unternehmen ihren Kundenservice verbessern, die Kundenzufriedenheit und -treue steigern und sich in einem wettbewerbsintensiven Markt differenzieren.

C. Finanzielle Hürden überwinden

Finanzielle Hürden sind eine häufige Herausforderung für Unternehmen in verschiedenen Phasen ihrer Wachstumsreise. Ob es darum geht, den Cashflow zu verwalten, die Finanzierung sicherzustellen oder wirtschaftliche Unsicherheiten zu bewältigen, Unternehmen müssen solide Finanzmanagementpraktiken anwenden, um finanzielle Hürden effektiv zu überwinden.

So meistern Sie finanzielle Herausforderungen:

1. **Entwickeln Sie einen umfassenden Finanzplan:** Erstellen Sie einen umfassenden Finanzplan, der Ihre Geschäftsziele, Umsatzprognosen, Ausgabenprognosen und Cashflow-Prognosen darlegt. Legen Sie finanzielle Ziele, Vorgaben und Meilensteine fest, um Ihre Finanzmanagementbemühungen zu leiten und den Fortschritt im Laufe der Zeit zu verfolgen.
2. **Cashflow effektiv verwalten:** Das Cashflow-Management ist entscheidend für das Überleben und die Nachhaltigkeit eines Unternehmens. Überwachen Sie Ihren Cashflow genau, einschließlich eingehender Einnahmen, ausgehender Ausgaben und Betriebskapitalbedarf.
Implementieren Sie Strategien zur Beschleunigung des Geldzuflusses, z. B. das Anbieten von Rabatten für vorzeitige Zahlungen oder die Schaffung von Anreizen für die sofortige Zahlung von Rechnungen.
3. **Kosten und Ausgaben kontrollieren:** Ergreifen Sie

proaktive Maßnahmen zur Kosten- und Ausgabenkontrolle, um die Rentabilität zu verbessern und finanzielle Ressourcen zu schonen. Analysieren Sie Ihre Kostenstruktur, identifizieren Sie Bereiche mit Ineffizienz oder Mehrausgaben und setzen Sie, wo möglich, Kostensenkungsinitiativen um, ohne die Qualität oder das Serviceniveau zu beeinträchtigen.

4. **Einnahmequellen diversifizieren:** Diversifizieren Sie Ihre Einnahmequellen, um die Abhängigkeit von einer einzigen Einnahmequelle zu verringern und die Volatilität der Einnahmen zu verringern. Erkunden Sie Möglichkeiten, in neue Märkte zu expandieren, ergänzende Produkte oder Dienstleistungen auf den Markt zu bringen oder zusätzliche Kundensegmente anzusprechen, um alternative Einnahmequellen zu generieren und den Cashflow zu stabilisieren.

5. **Sichere Förderung und Finanzierung:** Entdecken Sie Finanzierungsmöglichkeiten und Finanzierungsquellen, um das Wachstum und die Expansion Ihres

Unternehmens voranzutreiben. Erwägen Sie traditionelle Finanzierungsmöglichkeiten wie Bankdarlehen, Kreditlinien oder Risikokapitalinvestitionen sowie alternative Finanzierungsquellen wie Crowdfunding, Peer-to-Peer-Kredite oder Unternehmenszuschüsse.

6. **Verhandeln Sie günstige Konditionen:** Verhandeln Sie günstige Konditionen mit Lieferanten, Lieferanten, Gläubigern und Kreditgebern, um das Cashflow-Management zu optimieren und die finanzielle Flexibilität zu verbessern. Verhandeln Sie verlängerte Zahlungsbedingungen, Rabatte bei Großeinkäufen oder flexible Rückzahlungspläne, um kurzfristigen Cashflow-Druck zu mildern und die Liquidität zu verbessern.

7. **Überwachen und prognostizieren Sie die finanzielle Leistung:** Überwachen und analysieren Sie kontinuierlich Ihre finanzielle Leistung anhand Ihres Budgets, Ihrer Prognosen und Finanzprognosen. Erkennen Sie Abweichungen, Trends und potenzielle Risiken frühzeitig und ergreifen Sie Korrekturmaßnahmen oder

Anpassungen, um auf dem richtigen Weg zu bleiben und Ihre finanziellen Ziele zu erreichen.

8. **Bauen Sie finanzielle Widerstandsfähigkeit auf:** Bauen Sie finanzielle Widerstandsfähigkeit auf, indem Sie ausreichende Reserven, Notfallfonds oder Notsparmittel vorhalten, um unerwartete Herausforderungen oder wirtschaftliche Abschwünge zu überstehen. Schaffen Sie einen Puffer gegen finanzielle Schocks und Unsicherheiten, indem Sie Mittel für Eventualverbindlichkeiten, Kapitalinvestitionen oder Wachstumsinitiativen beiseite legen.

9. **Holen Sie sich professionellen Rat:** Holen Sie sich Rat und Anleitung von Finanzexperten, Beratern oder Mentoren, die Ihnen wertvolle Einblicke, Fachwissen und strategische Anleitung zum Finanzmanagement, zur Planung und Entscheidungsfindung bieten können. Nutzen Sie ihre Erfahrung und ihr Wissen, um fundierte Finanzentscheidungen zu treffen und komplexe finanzielle Herausforderungen effektiv zu meistern.

10. **Bleiben Sie informiert und anpassungsfähig:** Bleiben Sie über makroökonomische Trends, Branchendynamik, regulatorische Änderungen und Marktentwicklungen informiert, die sich auf Ihre Finanzaussichten und Geschäftsabläufe auswirken könnten. Reagieren Sie proaktiv und anpassungsfähig auf sich ändernde Umstände, Marktbedingungen und Wettbewerbsdruck, um die finanzielle Stabilität und Widerstandsfähigkeit aufrechtzuerhalten.

Durch die Übernahme eines proaktiven, strategischen Ansatzes für das Finanzmanagement und die Nutzung solider Finanzpraktiken und -prinzipien können Unternehmen finanzielle Hürden überwinden, das Wachstum aufrechterhalten und langfristigen finanziellen Erfolg und Rentabilität erzielen.

Zusammenfassend lässt sich sagen, dass der Umgang mit Herausforderungen und Risiken ein integraler Bestandteil der Unternehmensführung und -führung ist. Durch die direkte Auseinandersetzung mit der Konkurrenz, die Bereitstellung außergewöhnlichen Kundenservices und die Implementierung solider Finanzmanagementpraktiken können Unternehmen Hindernisse überwinden, Risiken mindern und Chancen für Wachstum und Erfolg nutzen. Durch Belastbarkeit, Anpassungsfähigkeit und strategische Planung können Unternehmen Herausforderungen meistern, im Wettbewerbsumfeld erfolgreich sein und ihr volles Potenzial ausschöpfen.

Kapitel 10

Erfolgsmessung und kontinuierliche Verbesserung

In der dynamischen Geschäftslandschaft sind die Messung des Erfolgs und die kontinuierliche Verbesserung der Leistung unerlässlich, um langfristiges Wachstum und Nachhaltigkeit zu erreichen. Durch die Festlegung wichtiger Leistungsindikatoren (KPIs), die Analyse von Daten, um fundierte Entscheidungen zu treffen, und die Anpassung an Marktveränderungen können Unternehmen ihre Fortschritte bewerten, Bereiche für Verbesserungen identifizieren und kontinuierliche Innovation und Exzellenz vorantreiben. In diesem umfassenden Leitfaden untersuchen wir Strategien zur Erfolgsmessung und kontinuierlichen Verbesserung und konzentrieren uns dabei auf die Bedeutung von KPIs, Datenanalyse und Marktanpassung.

A. Key Performance Indicators (KPIs)

Key Performance Indicators (KPIs) sind quantifizierbare Kennzahlen, anhand derer Unternehmen ihren Erfolg bei der Erreichung strategischer und operativer Ziele bewerten. KPIs liefern umsetzbare Einblicke in die Leistung, helfen dabei, Fortschritte im Laufe der Zeit zu verfolgen und ermöglichen es Unternehmen, datengesteuerte Entscheidungen zu treffen. So etablieren und nutzen Sie KPIs effektiv:

1. **Definieren Sie klare Ziele:** Definieren Sie zunächst klare und spezifische Ziele für Ihr Unternehmen, Ihre Abteilung oder Ihr Projekt. Identifizieren Sie, wie Erfolg aussieht, und legen Sie messbare Ziele fest, die mit Ihren strategischen Prioritäten und Geschäftszielen übereinstimmen.
2. **Identifizieren Sie relevante Kennzahlen:** Identifizieren Sie die wichtigsten Kennzahlen und Indikatoren, die direkt zum Erreichen Ihrer Ziele beitragen. Konzentrieren Sie sich auf Kennzahlen, die relevant und umsetzbar sind und auf Ihre

Geschäftsstrategie abgestimmt sind, wie z. B. Umsatzwachstum, Kundenbindungsrate, Konversionsrate oder Mitarbeiterproduktivität.
3. **Legen Sie SMART-KPIs fest:** Entwickeln Sie SMART-KPIs (spezifisch, messbar, erreichbar, relevant, zeitgebunden), die klar definiert, quantifizierbar und innerhalb eines bestimmten Zeitrahmens erreichbar sind. Stellen Sie sicher, dass jeder KPI mit einem bestimmten Ziel verknüpft ist und aussagekräftige Einblicke in die Leistung bietet.
4. **Wählen Sie Früh- und Spätindikatoren aus:** Gleichen Sie Frühindikatoren, die frühe Signale zukünftiger Leistungstrends liefern, mit Spätindikatoren aus, die vergangene Leistungsergebnisse messen. Verwenden Sie Frühindikatoren, um Trends zu antizipieren und Strategien proaktiv anzupassen, während Spätindikatoren retrospektive Erkenntnisse für die Leistungsbewertung liefern.
5. **Legen Sie Benchmarks und Ziele fest:** Legen Sie Benchmarks und Leistungsziele für jeden KPI fest, um

den Fortschritt zu messen und den Erfolg zu messen. Vergleichen Sie die tatsächliche Leistung mit den Zielen, um Leistungslücken, Stärkebereiche und Verbesserungsmöglichkeiten zu identifizieren.
6. **Überwachen und verfolgen Sie die Leistung:** Implementieren Sie Systeme und Prozesse zur regelmäßigen Überwachung und Verfolgung von KPIs. Verwenden Sie Dashboards, Scorecards oder Berichtstools, um Leistungsdaten zu visualisieren und den Fortschritt effektiv an Stakeholder zu kommunizieren.
7. **Varianz und Trends analysieren:** Analysieren Sie Varianz und Trends in KPI-Daten, um Muster, Anomalien oder Abweichungen von der erwarteten Leistung zu identifizieren. Untersuchen Sie die Grundursachen von Leistungsschwankungen und ergreifen Sie Korrekturmaßnahmen, um zugrunde liegende Probleme zu beheben oder Chancen zu nutzen.
8. **KPIs überprüfen und anpassen:** Überprüfen und passen Sie KPIs regelmäßig an sich ändernde Geschäftsprioritäten,

Marktbedingungen oder strategische Veränderungen an. Stellen Sie sicher, dass KPIs relevant und aussagekräftig bleiben und mit den Unternehmenszielen und -zielen in Einklang stehen.

9. **Verantwortung und Eigenverantwortung fördern:** Fördern Sie eine Kultur der Verantwortung und Eigenverantwortung rund um KPIs, indem Sie den Mitarbeitern Erwartungen, Verantwortlichkeiten und Leistungsziele klar kommunizieren. Ermöglichen Sie Einzelpersonen oder Teams, die Verantwortung für KPIs zu übernehmen und durch Zusammenarbeit und Innovation Leistungsverbesserungen voranzutreiben.

10. **Feiern Sie Erfolge:** Feiern Sie Erfolge und Meilensteine, wenn KPI-Ziele erreicht oder übertroffen werden. Erkennen und belohnen Sie Einzelpersonen oder Teams für ihren Beitrag zur Erreichung von KPIs und zur Förderung des Geschäftserfolgs.

Durch die Festlegung klarer Ziele, die Auswahl relevanter Kennzahlen und die

Überwachung der Leistung anhand von KPIs können Unternehmen den Erfolg effektiv messen, kontinuierliche Verbesserungen vorantreiben und ihre strategischen Ziele erreichen.

B. Daten analysieren und fundierte Entscheidungen treffen

Die Datenanalyse spielt eine entscheidende Rolle bei der Erfolgsmessung und der Förderung kontinuierlicher Verbesserungen, indem sie wertvolle Einblicke in Leistung, Trends und Chancen liefert. Durch die effektive Analyse von Daten können Unternehmen Muster, Korrelationen und umsetzbare Erkenntnisse erkennen, um Entscheidungen zu treffen und Geschäftsprozesse zu optimieren. So analysieren Sie Daten und treffen fundierte Entscheidungen:

1. **Sammeln Sie relevante Daten:** Sammeln Sie zunächst relevante Daten aus verschiedenen Quellen, darunter interne Systeme, Kundeninteraktionen, Marktforschung und externe Datenbanken. Stellen Sie sicher, dass

die Daten korrekt, vollständig und zuverlässig sind, um aussagekräftige Analysen und Entscheidungen zu unterstützen.
2. **Definieren Sie Analyseziele:** Klären Sie die Ziele und Fragen, die Sie durch Datenanalyse beantworten möchten. Identifizieren Sie die wichtigsten Erkenntnisse oder Hypothesen, die Sie untersuchen möchten, und definieren Sie den Umfang und die Methodik für Ihre Analyse entsprechend.
3. **Wählen Sie geeignete Analysetools:** Wählen Sie die geeigneten Analysetools und -techniken aus, um Ihre Daten effektiv zu analysieren. Wählen Sie je nach Art Ihrer Daten und Analyseziele aus einer Reihe von Tools wie Statistiksoftware, Datenvisualisierungsplattformen, Business Intelligence (BI)-Tools oder Algorithmen für maschinelles Lernen.
4. **Daten bereinigen und vorbereiten:** Bereinigen und vorverarbeiten Sie Rohdaten, um Genauigkeit, Konsistenz und Qualität vor der Analyse sicherzustellen. Entfernen Sie Duplikate, Ausreißer oder Fehler, standardisieren Sie Datenformate und

behandeln Sie fehlende Werte oder Inkonsistenzen, um Daten für die Analyse vorzubereiten.
5. **Entdecken Sie Datenmuster und Trends:** Durchsuchen Sie Ihre Daten, um Muster, Trends, Korrelationen oder Anomalien zu identifizieren, die wertvolle Erkenntnisse über Leistung oder Verhalten liefern können. Nutzen Sie deskriptive Statistiken, Datenvisualisierungstechniken und explorative Datenanalyse (EDA), um verborgene Muster oder Beziehungen in Ihren Daten aufzudecken.
6. **Führen Sie eine statistische Analyse durch:** Führen Sie statistische Analysen durch, um Hypothesen zu testen, Vorhersagen zu treffen oder Beziehungen zwischen Variablen abzuleiten. Nutzen Sie Inferenzstatistiken, Regressionsanalysen, Hypothesentests oder prädiktive Modellierungstechniken, um umsetzbare Erkenntnisse abzuleiten und Entscheidungen auf der Grundlage empirischer Beweise zu treffen.
7. **Daten segmentieren und schichten:** Segmentieren Sie Ihre Daten anhand relevanter Kriterien wie

Kundendemografie, geografischer Standort, Kaufverhalten oder Produktpräferenzen in aussagekräftige Gruppen oder Segmente. Stratifizieren Sie Daten, um Leistungsschwankungen in verschiedenen Segmenten zu analysieren und Möglichkeiten für gezielte Interventionen oder personalisierte Strategien zu identifizieren.

8. **Benchmark- und Vergleichsleistung:** Vergleichen Sie Ihre Leistung mit Branchenstandards, Vergleichsbenchmarks oder historischen Daten, um die relative Leistung zu bewerten und Stärken oder Schwächen zu identifizieren. Vergleichen Sie Leistungsmetriken, KPIs oder Benchmarks, um den Fortschritt im Laufe der Zeit zu verfolgen und Verbesserungen anhand von Zielen zu messen.

9. **Generieren Sie umsetzbare Erkenntnisse:** Übersetzen Sie Dateneinblicke in umsetzbare Empfehlungen oder Strategien, die Geschäftsverbesserungen oder Innovationen vorantreiben. Identifizieren Sie Möglichkeiten zur Optimierung, Kosteneinsparung,

Umsatzsteigerung oder Prozesseffizienz auf der Grundlage datengesteuerter Erkenntnisse und priorisieren Sie Initiativen anhand ihrer potenziellen Auswirkungen und Durchführbarkeit.
10. **Analyse iterieren und verfeinern:** Iterieren und verfeinern Sie Ihren Datenanalyseansatz kontinuierlich basierend auf Feedback, Ergebnissen und sich entwickelnden Geschäftsanforderungen. Experimentieren Sie mit verschiedenen Analysetechniken, Datenquellen oder Modellen, um die Genauigkeit, Robustheit und Relevanz Ihrer Analyse im Laufe der Zeit zu verbessern.

Durch die effektive Analyse von Daten und das Treffen fundierter Entscheidungen können Unternehmen wertvolle Erkenntnisse gewinnen, die Leistung optimieren und kontinuierliche Verbesserungen in allen Aspekten ihrer Abläufe vorantreiben. Durch datengesteuerte Entscheidungsfindung können Unternehmen Chancen erkennen, Risiken mindern und Prozesse optimieren, um ihre strategischen Ziele zu erreichen und den Stakeholdern einen Mehrwert zu bieten.

C. Anpassung an Marktveränderungen

Im heutigen schnelllebigen und volatilen Geschäftsumfeld ist Anpassung der Schlüssel zum Überleben und Erfolg. Marktveränderungen, einschließlich veränderter Verbraucherpräferenzen, technologischer Fortschritte, regulatorischer Entwicklungen und Wettbewerbsdynamik, können für Unternehmen sowohl Chancen als auch Herausforderungen darstellen. So passen Sie sich effektiv an Marktveränderungen an:

1. **Bleiben Sie informiert und aufmerksam:** Bleiben Sie über Markttrends, Branchenentwicklungen und neue Technologien informiert, die sich auf Ihr Unternehmen auswirken könnten. Überwachen Sie Branchenpublikationen, Marktforschungsberichte und Wettbewerberaktivitäten, um immer einen Schritt voraus zu sein und Veränderungen in der Marktlandschaft vorherzusehen.
2. **Marktforschung durchführen:** Führen Sie regelmäßige

Marktforschung durch, um die sich entwickelnden Bedürfnisse, Vorlieben und Verhaltensweisen der Kunden zu verstehen. Sammeln Sie Erkenntnisse durch Umfragen, Fokusgruppen, Interviews und Social Listening, um aufkommende Trends, Marktlücken und Innovationsmöglichkeiten zu identifizieren.

3. **Überwachen Sie die Wettbewerbslandschaft:** Behalten Sie die Strategien, Produktangebote, Preise und Marketinginitiativen der Wettbewerber genau im Auge, um deren Positionierung zu verstehen und potenzielle Bedrohungen oder Chancen zu erkennen. Vergleichen Sie Ihre Leistung mit der Konkurrenz und passen Sie Ihre Strategien entsprechend an, um Ihre Wettbewerbsfähigkeit aufrechtzuerhalten.

4. **Produkt- und Serviceangebote anpassen:** Bewerten und verfeinern Sie Ihre Produkt- und Serviceangebote kontinuierlich, um den sich ändernden Kundenanforderungen und Markttrends gerecht zu werden. Entwickeln Sie neue Produkte,

Funktionen oder Lösungen, die auf neue Bedürfnisse eingehen, oder nutzen Sie ungenutzte Marktchancen.

5. **Nutzen Sie den technologischen Fortschritt:** Nutzen Sie technologische Fortschritte und digitale Innovationen, um Ihre Geschäftsprozesse zu verbessern, die Effizienz zu steigern und erstklassige Kundenerlebnisse zu bieten. Investieren Sie in Technologien wie künstliche Intelligenz, maschinelles Lernen, Datenanalyse, Cloud Computing und Automatisierung, um wettbewerbsfähig zu bleiben und Ihr Unternehmen zukunftssicher zu machen.
6. **Antizipieren Sie regulatorische Änderungen:** Bleiben Sie über regulatorische Entwicklungen und Compliance-Anforderungen auf dem Laufenden, die sich auf Ihre Branche oder Ihren Betrieb auswirken. Antizipieren Sie regulatorische Änderungen und passen Sie Ihre Richtlinien, Prozesse und Praktiken proaktiv an, um die Einhaltung sicherzustellen und regulatorische Risiken zu mindern.
7. **Flexibilität und Agilität:** Fördern Sie Flexibilität und Agilität in Ihrem

Unternehmen, um schnell auf Marktveränderungen und Kundenfeedback reagieren zu können. Ermöglichen Sie Ihren Mitarbeitern, selbstständig Entscheidungen zu treffen, mit neuen Ideen zu experimentieren und Strategien auf der Grundlage von Erkenntnissen und Rückmeldungen in Echtzeit zu entwickeln.

8. **Kundenzentrierter Ansatz:** Priorisieren Sie die Kundenzentrierung in Ihren Geschäftsstrategien und -abläufen, um sie an die sich entwickelnden Kundenpräferenzen und -erwartungen anzupassen. Hören Sie auf Kundenfeedback, holen Sie Input ein und entwickeln Sie gemeinsam mit Kunden Lösungen, um sicherzustellen, dass Ihre Angebote relevant und wertvoll bleiben.

9. **Strategische Partnerschaften und Allianzen:** Entdecken Sie strategische Partnerschaften, Allianzen oder Kooperationen mit komplementären Unternehmen, Lieferanten oder Branchenakteuren, um Synergien zu nutzen und neue Märkte oder Fähigkeiten zu erschließen. Arbeiten Sie an Joint

Ventures, Co-Marketing-Kampagnen oder Forschungsinitiativen zusammen, um Ihre Reichweite zu vergrößern und Ihr Angebot zu diversifizieren.

10. **Risikomanagement und Notfallplanung:** Entwickeln Sie Risikomanagementstrategien und Notfallpläne, um die Auswirkungen von Marktunsicherheiten, Störungen oder Krisen abzumildern. Identifizieren Sie potenzielle Risiken, bewerten Sie deren Wahrscheinlichkeit und Auswirkungen und entwickeln Sie proaktive Maßnahmen, um die Gefährdung zu minimieren und die Geschäftskontinuität zu gewährleisten.

11. **Überwachen und bewerten Sie die Leistung:** Überwachen und bewerten Sie Ihre Leistung kontinuierlich anhand wichtiger Kennzahlen, Ziele und Vorgaben, um die Wirksamkeit Ihrer Anpassungsstrategien zu beurteilen. Messen Sie die Auswirkungen von Marktveränderungen auf Ihre Geschäftsergebnisse und passen Sie Ihre Strategien nach Bedarf an, um

die Leistung zu optimieren und Chancen zu nutzen.

Durch die proaktive und strategische Anpassung an Marktveränderungen können sich Unternehmen für langfristigen Erfolg, Widerstandsfähigkeit und Wachstum in einer sich ständig verändernden Geschäftslandschaft positionieren.

Zusammenfassend lässt sich sagen, dass die Messung des Erfolgs und die Förderung kontinuierlicher Verbesserungen einen proaktiven und strategischen Ansatz erfordern, der die Festlegung von KPIs, die Analyse von Daten und die Anpassung an Marktveränderungen umfasst. Durch die Festlegung klarer Ziele, die Nutzung datengesteuerter Erkenntnisse sowie die Agilität und Reaktionsfähigkeit auf Marktdynamiken können Unternehmen ihre Leistung optimieren, Risiken mindern und nachhaltiges Wachstum und Wettbewerbsfähigkeit erzielen. Durch die Verpflichtung zu Exzellenz, Innovation und Anpassung können Unternehmen inmitten von Unsicherheit und Komplexität erfolgreich sein und Kunden, Stakeholdern und der Gesellschaft als Ganzes einen Mehrwert bieten.

Kapitel 11

Abschluss

Auf dem Weg, ein erfolgreiches Online-Geschäft von Grund auf aufzubauen und auszubauen, stehen Unternehmer vor einer Vielzahl von Herausforderungen, Unsicherheiten und Chancen. Vom Verständnis der Online-Geschäftslandschaft bis hin zur Planung, dem Aufbau, der Vermarktung und der Skalierung ihrer Unternehmungen ist der Weg zum Erfolg mit Engagement, Belastbarkeit und strategischer Entscheidungsfindung gepflastert. Lassen Sie uns zum Abschluss dieses umfassenden Leitfadens die wichtigsten Punkte, die in diesem Buch besprochen werden, noch einmal zusammenfassen und angehenden Unternehmern Ermutigung und abschließende Ratschläge geben.

A. Zusammenfassung der wichtigsten Punkte

In diesem Buch haben wir eine breite Palette von Themen behandelt, die Sie durch den Prozess der Gründung und des Aufbaus eines erfolgreichen Online-Geschäfts von Grund auf begleiten sollen. Hier ist eine Zusammenfassung der wichtigsten besprochenen Punkte:

1. **Die Online-Geschäftslandschaft verstehen:** Wir untersuchten die verschiedenen Arten von Online-Unternehmen, die Bedeutung von Marktforschung und Nischenidentifizierung sowie Strategien zur Analyse von Wettbewerbern, um sich einen Wettbewerbsvorteil zu verschaffen.
2. **Planen Sie Ihr Online-Geschäft:** Wir haben darüber gesprochen, wie wichtig es ist, Ihr Alleinstellungsmerkmal (USP) zu definieren, einen Geschäftsplan zu erstellen und Ziele und Meilensteine festzulegen, um Ihr Geschäftswachstum zu steuern.
3. **Aufbau Ihrer Online-Präsenz:** Wir haben hervorgehoben, wie wichtig es ist, den richtigen Domainnamen auszuwählen, eine professionelle Website zu erstellen und Social-Media-Profile einzurichten, um Ihre Online-Sichtbarkeit und Glaubwürdigkeit zu verbessern.
4. **Einrichten Ihrer E-Commerce-Infrastruktur:** Wir haben uns

intensiv mit der Auswahl der richtigen E-Commerce-Plattform, der Einrichtung von Zahlungsgateways und der Implementierung sicherer Checkout-Prozesse befasst, um reibungslose Online-Transaktionen zu ermöglichen.
5. **Marketing und Werbung:** Wir untersuchten Strategien zur Entwicklung einer Marketingstrategie, zur Nutzung von Content-Marketing und SEO, zur Nutzung der Leistungsfähigkeit von Social-Media-Marketing und zur Nutzung von E-Mail-Marketing zur Kundenbindung und -konvertierung.
6. **Finanzen und Betrieb verwalten:** Wir haben die Bedeutung von Budgetierung und Finanzplanung, effektiver Bestandsverwaltung sowie effizienten Abwicklungs- und Versandprozessen besprochen, um den reibungslosen Betrieb Ihres Online-Geschäfts sicherzustellen.
7. **Skalieren Sie Ihr Online-Geschäft:** Wir haben Strategien zur Identifizierung von Wachstumschancen, zur effektiven Einstellung und Auslagerung von Mitarbeitern sowie zur Automatisierung von Prozessen

untersucht, um Ihr Online-Geschäft zu skalieren und langfristigen Erfolg zu erzielen.

8. **Umgang mit Herausforderungen und Risiken:** Wir befassten uns mit allgemeinen Herausforderungen wie dem Umgang mit der Konkurrenz, der Verwaltung des Kundenservice und der Überwindung finanzieller Hürden und boten Strategien zur Überwindung von Hindernissen und zur effektiven Risikominderung an.

9. **Erfolgsmessung und kontinuierliche Verbesserung:** Wir diskutierten über die Bedeutung der Festlegung von Key Performance Indicators (KPIs), der Analyse von Daten, um fundierte Entscheidungen zu treffen, und der Anpassung an Marktveränderungen, um kontinuierliche Innovation und Exzellenz voranzutreiben.

Bei jedem dieser Themen ging es um Beharrlichkeit, Anpassungsfähigkeit und einen kundenorientierten Ansatz. Indem sie sich darauf konzentrieren, Kunden einen Mehrwert zu bieten, datengesteuerte Erkenntnisse zu nutzen und angesichts von Herausforderungen agil zu bleiben, können

Unternehmer belastbare und florierende Online-Unternehmen aufbauen.

B. Ermutigung und abschließende Ratschläge

Wenn Sie sich auf den Weg machen, ein erfolgreiches Online-Geschäft zu gründen und auszubauen, denken Sie daran, dass Herausforderungen unvermeidlich sind, aber auch Chancen. Konzentrieren Sie sich auf Ihre Vision, überstehen Sie Rückschläge und suchen Sie kontinuierlich nach Möglichkeiten zur Verbesserung und Innovation. Hier sind einige abschließende Worte der Ermutigung und des Ratschlags:

1. **An sich selbst glauben:** Glauben Sie an Ihre Vision und Ihre Fähigkeiten als Unternehmer. Vertrauen Sie Ihrem Instinkt, seien Sie aber auch offen für Feedback und lernen Sie aus Erfahrungen.
2. **Bleiben Sie kundenorientiert:** Stellen Sie Ihre Kunden in den Mittelpunkt Ihres Handelns. Hören Sie auf ihr Feedback, antizipieren Sie ihre Bedürfnisse und streben Sie danach, ihre Erwartungen an jedem Berührungspunkt zu übertreffen.

3. **Umfassen Sie kontinuierliches Lernen:** Die Welt des Online-Geschäfts entwickelt sich ständig weiter. Bleiben Sie neugierig, bleiben Sie informiert und hören Sie nie auf zu lernen. Bleiben Sie über Branchentrends, neue Technologien und Best Practices auf dem Laufenden, um immer einen Schritt voraus zu sein.
4. **Bauen Sie ein starkes Support-Netzwerk auf:** Umgeben Sie sich mit Mentoren, Beratern und Kollegen, die Ihnen auf Ihrem Weg Anleitung, Unterstützung und Inspiration bieten können. Suchen Sie nach Networking-Möglichkeiten und vernetzen Sie sich mit Gleichgesinnten, die Ihre Leidenschaft für Unternehmertum teilen.
5. **Seien Sie belastbar:** Unternehmertum ist eine Reise voller Höhen und Tiefen. Seien Sie widerstandsfähig gegenüber Widrigkeiten, lernen Sie aus Misserfolgen und nutzen Sie Rückschläge als Chance für Wachstum und Verbesserung.
6. **Feiern Sie Meilensteine:** Nehmen Sie sich die Zeit, Ihre Erfolge zu

feiern, egal wie klein sie sind. Meilensteine sind Meilensteine des Fortschritts und verdienen es, anerkannt und gefeiert zu werden.
7. **Zurück geben:** Wenn Sie in Ihrem Online-Geschäft erfolgreich sind, denken Sie daran, Ihrer Gemeinschaft und der Gesellschaft etwas zurückzugeben. Nutzen Sie Ihre Plattform und Ressourcen, um eine positive Wirkung zu erzielen und einen Beitrag zu Anliegen zu leisten, an die Sie glauben.

Der Aufbau und das Wachstum eines erfolgreichen Online-Geschäfts ist ein herausforderndes, aber lohnendes Unterfangen. Es erfordert Engagement, Ausdauer und die Bereitschaft, sich an veränderte Umstände anzupassen. Indem Sie die in diesem Buch dargelegten Strategien und Prinzipien befolgen, können Sie Ihre Erfolgschancen erhöhen und ein florierendes Online-Unternehmen aufbauen, das einen bedeutenden Einfluss auf das Leben Ihrer Kunden und darüber hinaus hat.

Wenn Sie sich auf diese aufregende Reise begeben, denken Sie daran, dass die erfüllendsten Belohnungen oft darin bestehen, Hindernisse zu überwinden, Ihre

Komfortzone zu überwinden und Ihr volles Potenzial als Unternehmer auszuschöpfen. Mit Entschlossenheit, Leidenschaft und der Verpflichtung zu Spitzenleistungen haben Sie die Macht, Ihre Träume in die Realität umzusetzen und ein bleibendes Vermächtnis auf dem digitalen Markt zu hinterlassen.

Ich wünsche Ihnen alles Gute auf Ihrem unternehmerischen Weg. Gehen Sie mit Selbstvertrauen, Mut und Überzeugung voran und möge Ihr Online-Geschäft ein Leuchtturm des Erfolgs und der Inspiration für andere sein.

Ende der Schlussfolgerung

Kapitel 12

Zusätzliche Ressourcen

Wenn Sie sich auf den Weg machen, ein erfolgreiches Online-Geschäft zu gründen und auszubauen, kann der Zugriff auf die richtigen Tools, Ressourcen und Informationen einen erheblichen Unterschied für Ihren Erfolg ausmachen. In diesem Abschnitt stellen wir eine kuratierte Liste empfohlener Tools und Software, weiterführende Literatur und Referenzen zur Vertiefung Ihres Wissens sowie ein Glossar mit Begriffen zur Erläuterung wichtiger Konzepte und Terminologie bereit.

A. Empfohlene Tools und Software

1. **Website-Builder:**
    - WordPress: Eine vielseitige und anpassbare Plattform zum Erstellen von Websites und Blogs.
    - Wix: Ein intuitiver Website-Builder mit Drag-and-Drop-

Funktionalität und anpassbaren Vorlagen.
- Shopify: Eine führende E-Commerce-Plattform zum Erstellen von Online-Shops und zum Verkauf von Produkten.

2. **E-Commerce-Plattformen:**
   - Shopify: Eine umfassende E-Commerce-Lösung mit Funktionen für Bestandsverwaltung, Zahlungsabwicklung und Marketing.
   - WooCommerce: Ein WordPress-Plugin, mit dem Sie Ihre Website in einen voll funktionsfähigen Online-Shop verwandeln können.
   - BigCommerce: Eine All-in-One-E-Commerce-Plattform mit integrierten Funktionen für den Online-Verkauf von Produkten.

3. **Digitale Marketing-Tools:**
   - Google Analytics: Eine leistungsstarke Analyseplattform zur Verfolgung des Website-Verkehrs, des

Benutzerverhaltens und der Konversionsraten.
- Mailchimp: Eine E-Mail-Marketingplattform zum Erstellen und Versenden gezielter E-Mail-Kampagnen zur Kundenbindung.
- SEMrush: Eine Suite von SEO- und digitalen Marketing-Tools für Keyword-Recherche, Wettbewerbsanalyse und Website-Audit.

4. **Social-Media-Management:**
   - Hootsuite: Eine Social-Media-Management-Plattform zum Planen von Beiträgen, zur Interaktion mit Followern und zur Leistungsanalyse.
   - Buffer: Ein Social-Media-Planungstool, mit dem Sie Inhalte auf mehreren Plattformen planen und veröffentlichen können.
   - Sprout Social: Eine umfassende Social-Media-Management- und Analyseplattform für Unternehmen jeder Größe.

5. **Kundenbeziehungsmanagement (CRM):**
   - Salesforce: Eine cloudbasierte CRM-Plattform mit Tools für Vertrieb, Marketing, Kundenservice und Analysen.
   - HubSpot CRM: Eine kostenlose CRM-Software mit Funktionen zur Verwaltung von Kontakten, Deals und Aufgaben sowie zur E-Mail-Verfolgung und Automatisierung.
   - Zoho CRM: Eine erschwingliche CRM-Lösung mit Modulen für Vertriebsautomatisierung, Marketingautomatisierung und Kundensupport.
6. **Projektmanagement:**
   - Asana: Ein flexibles Projektmanagement-Tool zum Organisieren von Aufgaben, Zuweisen von Verantwortlichkeiten und Verfolgen des Fortschritts.
   - Trello: Ein visuelles Projektmanagement-Tool, das Boards, Listen und Karten verwendet, um Aufgaben zu organisieren und mit

Teammitgliedern zusammenzuarbeiten.
- Monday.com: Eine anpassbare Projektmanagementplattform mit Funktionen zur Workflow-Automatisierung, Aufgabenverfolgung und Teamzusammenarbeit.

7. **Buchhaltung und Finanzen:**
   - QuickBooks: Eine führende Buchhaltungssoftware für kleine Unternehmen mit Funktionen für Rechnungsstellung, Kostenverfolgung und Finanzberichterstattung.
   - Xero: Eine Online-Buchhaltungssoftware, die das Finanzmanagement mit Tools für Rechnungsstellung, Gehaltsabrechnung und Bankabstimmung vereinfacht.
   - FreshBooks: Eine cloudbasierte Buchhaltungslösung mit Funktionen für Zeiterfassung, Projektmanagement und Kundenrechnungsstellung.

8. **Kundensupport und Helpdesk:**
    - Zendesk: Eine Kundendienstsoftware mit Funktionen für Ticketverwaltung, Live-Chat-Support und Erstellung von Wissensdatenbanken.
    - Freshdesk: Eine Helpdesk-Software, die den Kundensupport mit Ticketing-, Automatisierungs- und Self-Service-Optionen optimiert.
    - Intercom: Eine Kunden-Messaging-Plattform, die personalisierte Kommunikation und Interaktion über mehrere Kanäle hinweg ermöglicht.
9. **Analytik und Datenvisualisierung:**
    - Tableau: Ein leistungsstarkes Datenvisualisierungstool zum Erstellen interaktiver Dashboards, Berichte und Visualisierungen aus mehreren Datenquellen.
    - Google Data Studio: Ein kostenloses Datenvisualisierungstool, mit dem Sie anpassbare Berichte und Dashboards mithilfe von

Daten aus Google Analytics, Google Ads und anderen Quellen erstellen können.
- Power BI: Eine Geschäftsanalyseplattform, die es Benutzern ermöglicht, Daten zu visualisieren, Erkenntnisse auszutauschen und datengesteuerte Entscheidungen zu treffen.

10. **Cybersicherheit und Datenschutz:**
    - LastPass: Ein Passwortverwaltungstool, das Passwörter für Websites und Anwendungen sicher speichert und verwaltet.
    - McAfee: Eine umfassende Cybersicherheitslösung mit Antiviren-, Firewall- und Identitätsdiebstahlschutzfunktionen.
    - Norton Security: Eine Antiviren- und Internet-Sicherheitssuite, die vor Malware, Viren und Online-Bedrohungen schützt.

Diese empfohlenen Tools und Software können Ihnen dabei helfen, Ihre Geschäftsabläufe zu rationalisieren, die Effizienz zu verbessern und das Wachstum voranzutreiben. Es ist jedoch wichtig, Ihre spezifischen Bedürfnisse und Ihr Budget zu bewerten, bevor Sie die richtigen Tools für Ihr Online-Geschäft auswählen.

B. Weiterführende Literatur und Referenzen

1. Bücher:
   - „The Lean Startup" von Eric Ries: Erfahren Sie, wie Sie ein erfolgreiches Startup aufbauen, indem Sie einen schlanken und iterativen Ansatz für die Produktentwicklung und Kundenvalidierung verfolgen.
   - „E-Myth Revisited" von Michael E. Gerber: Entdecken Sie die Mythen und Realitäten des Unternehmertums und erfahren Sie, wie Sie ein Unternehmen aufbauen, das ohne Sie funktioniert.
   - „Hooked: How to Build Habit-Forming Products" von Nir Eyal: Verstehen Sie die Psychologie hinter gewohnheitsbildenden Produkten und erfahren Sie,

wie Sie Produkte entwickeln, die Kunden ansprechen und binden.
2. Online Kurse:
    o Coursera: Entdecken Sie Online-Kurse zu Unternehmertum, digitalem Marketing, E-Commerce und Unternehmensführung von führenden Universitäten und Institutionen.
    o Udemy: Melden Sie sich für Kurse zu Themen wie Website-Entwicklung, SEO, Social-Media-Marketing und Geschäftsstrategie an, die von Branchenexperten und Praktikern unterrichtet werden.
    o LinkedIn Learning: Greifen Sie auf eine große Auswahl an Video-Tutorials und Kursen zu Geschäftskompetenzen, Führung und Technologie zu, um Ihr Wissen und Ihre Fachkenntnisse zu erweitern.
3. Blogs und Websites:
    o Unternehmer: Lesen Sie Artikel und Einblicke zu Unternehmertum, Startups und Geschäftsinnovationen

von führenden Experten und Vordenkern.
- Shopify-Blog: Entdecken Sie Leitfäden, Fallstudien und Tipps zu E-Commerce, Marketing und Unternehmertum vom Shopify-Team und Branchenexperten.
- Neil Patel: Besuchen Sie Neil Patels Blog, um umsetzbare Einblicke und Strategien zu digitalem Marketing, SEO, Content-Marketing und Online-Geschäftswachstum zu erhalten.

4. Podcasts:
   - „The Tim Ferriss Show": Hören Sie sich Interviews mit Top-Performern aus verschiedenen Branchen an, darunter Unternehmertum, Wirtschaft, Gesundheit und Produktivität.
   - „How I Built This": Hören Sie Geschichten erfolgreicher Unternehmer und Unternehmensgründer, die von ihren Reisen beim Aufbau und der Skalierung

ikonischer Unternehmen berichten.
- o „Marketing School": Hören Sie sich täglich kurze Episoden an, die von Neil Patel und Eric Siu moderiert werden und umsetzbare Marketing-Einblicke und -Strategien für Unternehmer vermitteln.

5. Online-Communitys:
   - o Reddit: Treten Sie Communitys wie r/Entrepreneur, r/Startups und r/E-Commerce bei, um mit anderen Unternehmern in Kontakt zu treten, Erfahrungen auszutauschen und Ratschläge zum Aufbau und Wachstum von Online-Unternehmen einzuholen.
   - o LinkedIn-Gruppen: Nehmen Sie an LinkedIn-Gruppen teil, die sich auf Unternehmertum, digitales Marketing und E-Commerce konzentrieren, um sich mit Fachleuten zu vernetzen, Wissen auszutauschen und von Branchenkollegen zu lernen.

Diese weiterführende Literatur und Referenzen bieten wertvolle Einblicke, Tipps und Ressourcen, die Ihnen helfen, Ihr Wissen und Ihre Fähigkeiten in den Bereichen Unternehmertum, Online-Geschäft und digitales Marketing zu vertiefen.

C. Glossar der Begriffe

1. **E-Commerce:** Elektronischer Handel oder der Kauf und Verkauf von Waren und Dienstleistungen über das Internet.
2. **SEO (Suchmaschinenoptimierung):** Der Prozess der Optimierung einer Website, um auf den Ergebnisseiten von Suchmaschinen (SERPs) einen höheren Rang zu erreichen und den organischen Verkehr zu erhöhen.
3. **USP (Unique Selling Proposition):** Das einzigartige Merkmal oder der einzigartige Vorteil, der ein Produkt oder eine Dienstleistung von der Konkurrenz abhebt und Kunden anspricht.
4. **CRM (Kundenbeziehungsmanagement):** Ein Strategie- und Softwaresystem zur Verwaltung von Interaktionen und Beziehungen mit Kunden und Interessenten.
5. **ROI (Return on Investment):** Ein Maß für die Rentabilität einer Investition,

berechnet als Verhältnis des Nettogewinns zu den anfänglichen Investitionskosten.

6. **KPI (Key Performance Indicator):** Eine quantifizierbare Metrik zur Bewertung des Erfolgs einer Organisation, Abteilung oder einer bestimmten Aktivität bei der Erreichung ihrer Ziele.

7. **B2B (Business-to-Business):** Eine Art des Handels, bei dem Unternehmen Produkte oder Dienstleistungen an andere Unternehmen und nicht an Verbraucher verkaufen.

8. **B2C (Business-to-Consumer):** Eine Art des Handels, bei dem Unternehmen Produkte oder Dienstleistungen direkt an Verbraucher verkaufen.

9. **Wechselkurs:** Der Prozentsatz der Website-Besucher, die eine gewünschte Aktion ausführen, z. B. einen Kauf tätigen, sich für einen Newsletter anmelden oder ein Kontaktformular ausfüllen.

10. **Lead-Generierung:** Der Prozess der Gewinnung und Umwandlung potenzieller Kunden (Leads) in interessierte Interessenten für ein Produkt oder eine Dienstleistung.

11. **Nischenmarkt:** Ein spezialisiertes Marktsegment, das sich auf ein bestimmtes Produkt, eine bestimmte Dienstleistung oder eine bestimmte Kundengruppe konzentriert.

12. **SaaS (Software as a Service):** Ein Softwarebereitstellungsmodell, bei dem

Software in der Cloud gehostet wird und auf Abonnementbasis über das Internet darauf zugegriffen wird.

13. **ROI (Return on Investment):** Ein Maß für die Rentabilität einer Investition, berechnet als Verhältnis des Nettogewinns zu den anfänglichen Investitionskosten.

14. **Inhaltsvermarktung:** Eine Marketingstrategie, die sich auf die Erstellung und Verbreitung wertvoller, relevanter und konsistenter Inhalte konzentriert, um eine Zielgruppe anzulocken und einzubinden.

15. **Erfüllung:** Der Prozess des Empfangs, der Bearbeitung und der Lieferung von Bestellungen an Kunden, der häufig Bestandsverwaltung und Versandlogistik umfasst.

16. **Dropshipping:** Eine Einzelhandelsabwicklungsmethode, bei der ein Geschäft die von ihm verkauften Produkte nicht auf Lager hält. Wenn ein Geschäft ein Produkt verkauft, kauft es stattdessen den Artikel von einem Dritten und lässt ihn direkt an den Kunden versenden.

17. **SMM (Social-Media-Marketing):** Die Nutzung von Social-Media-Plattformen und Websites, um ein Produkt oder eine Dienstleistung zu bewerben und mit Kunden in Kontakt zu treten.

18. **SSL (Secure Sockets Layer):** Ein Sicherheitsprotokoll, das Daten verschlüsselt, die zwischen dem Browser eines Benutzers und einer Website übertragen werden, um vertrauliche Informationen wie Passwörter, Kreditkartennummern und persönliche Daten zu schützen.
19. **API (Anwendungsprogrammierschnittstelle):** Eine Reihe von Regeln und Protokollen, die es verschiedenen Softwareanwendungen ermöglichen, miteinander zu kommunizieren und Daten auszutauschen.
20. **Internet-Sicherheit:** Die Praxis, Computersysteme, Netzwerke und Daten vor Cyberbedrohungen wie Hacking, Malware und unbefugtem Zugriff zu schützen.

Dieses Begriffsglossar enthält Definitionen für gängige Begriffe und Konzepte im Zusammenhang mit Online-Geschäft, E-Commerce, digitalem Marketing und Technologie. Wenn Sie sich mit diesen Begriffen vertraut machen, können Sie die Diskussionen und Ressourcen im Bereich Online-Unternehmertum besser verstehen.

Nutzen Sie diese zusätzlichen Ressourcen, um Ihr Wissen, Ihre Fähigkeiten und Ihre Fähigkeiten zu erweitern, während Sie Ihr

Online-Geschäft weiter aufbauen und ausbauen. Ganz gleich, ob Sie nach Tools zur Rationalisierung Ihrer Abläufe suchen, nach weiteren Erkenntnissen von Fachautoren und Vordenkern suchen oder Schlüsselkonzepte mithilfe eines Glossars verdeutlichen möchten, diese Ressourcen können als wertvolle Ressourcen in Ihrem unternehmerischen Toolkit dienen.

Denken Sie daran, dass Unternehmertum eine Reise des kontinuierlichen Lernens, der Anpassung und des Wachstums ist. Bleiben Sie neugierig, bleiben Sie motiviert und streben Sie nie nach Spitzenleistungen, um Ihre Online-Geschäftsziele zu erreichen.

Ende der zusätzlichen Ressourcen

Buchbeschreibung

„Begeben Sie sich mit unserem umfassenden Leitfaden „Von Grund auf zum Erfolg: Eine Blaupause für den Aufbau Ihres Online-Imperiums" auf die Reise zur Gründung und zum Ausbau Ihres eigenen Online-Geschäfts. Egal, ob Sie ein erfahrener Unternehmer oder ein Neuling in der Welt des E-Commerce sind, dieses Buch bietet unschätzbare Einblicke, praktische Strategien und umsetzbare Ratschläge, die Ihnen helfen, sich in der Komplexität des digitalen Marktes zurechtzufinden.

Vom Verständnis der Grundlagen des Online-Geschäfts über die Identifizierung lukrativer Nischen bis hin zum Aufbau einer überzeugenden Marke und der Nutzung digitaler Marketingkanäle ist jedes Kapitel vollgepackt mit Expertenratschlägen und Beispielen aus der Praxis, die Sie auf Ihrem unternehmerischen Weg unterstützen. Erfahren Sie, wie Sie eine professionelle Website erstellen, Ihre Online-Präsenz optimieren und effektive E-Commerce-Strategien umsetzen, um Kunden zu gewinnen und den Umsatz zu steigern.

Mit dem Fokus auf Praktikabilität und Ergebnissen stattet Sie „From Scratch to

Success" mit den Tools, Ressourcen und der Denkweise aus, die Sie benötigen, um Ihre Online-Geschäftsträume in die Realität umzusetzen. Ganz gleich, ob Sie einen Nebenjob starten oder die Weltherrschaft anstreben, dieses Buch ist Ihr Weg zum Online-Erfolg."

www.ingramcontent.com/pod-product-compliance
Lightning Source LLC
Chambersburg PA
CBHW071452220526
45472CB00003B/773